Allegria

Die Autorin

Safi Nidiaye war ursprünglich Journalistin und wurde durch ihre Arbeit als Medium eine der bekanntesten spirituellen Lehrerinnen im deutschsprachigen Raum. Im Mittelpunkt ihrer Seminare steht die Beschäftigung mit dem Höheren Selbst und eine praktische Methode um »vom Kopf ins Herz« zu kommen. Sie lebt und arbeitet in der Nähe von München. Zu ihren erfolgreichsten Büchern gehört der Bestseller *Liebe ist mehr als ein Wort.*

Weitere Informationen über die Autorin im Internet unter www.safi-nidiaye.de.

Von Safi Nidiaye sind in unserem Hause erschienen:

Das befreite Herz (Allegria)
Der entscheidende Schritt
Den Weg des Herzens gehen
Herz öffnen statt Kopf zerbrechen
Das Tao des Herzens
Die Weisheit der Inneren Stimme
Ihr höheres Selbst
Liebe ist mehr als ein Gefühl
Das Bewusstseins-Orakel
(enthält das Buch
Den Weg des Herzens gehen)

SAFI NIDIAYE

Der entscheidende Schritt

Das letzte Geheimnis der Wunscherfüllung

Ullstein

Besuchen Sie uns im Internet:
www.ullstein-taschenbuch.de

Allegria im Ullstein Taschenbuch
Herausgegeben von Michael Görden

Neuausgabe im Ullstein Taschenbuch
1. Auflage August 2011
2. Auflage 2012
© 2010 by Ullstein Buchverlage GmbH, Berlin
Umschlaggestaltung: FranklDesign, München
Titelabbildung: Ateet Frankl
Satz: Keller & Keller GbR
Gesetzt aus der Baskerville
Papier: Pamo Super von
Arctic Paper Mochenwangen GmbH
Druck und Bindearbeiten:
GGP Media GmbH, Pößneck
Printed in Germany
ISBN 978-3-548-74531-2

INHALT

 EINFÜHRUNG

Für alle, die sich nach Hoffnung, Mut und neuen Perspektiven sehnen; die nach einem Ausweg aus einer ausweglosen Situation suchen; die darunter leiden, dass ihr sehnlichster Wunsch nicht in Erfüllung geht; die herausfinden möchten, wie sie das Ziel ihrer Träume erreichen können, schreibe ich dieses Buch. Menschen, die einen Weg suchen, um aus ihren Problemen und ihrer Problematik herauszufinden, werden hier eine Wegbeschreibung finden.

Ich möchte diejenigen ansprechen und unterstützen, die ihr Leben, ihre Persönlichkeit und unser kollektives Schicksal kreativ mitgestalten möchten. *Der entscheidende Schritt* ist auch für jene unter uns, die daran interessiert sind, ihre Bewusstheit stetig zu erhöhen, sich geistig weiterzuentwickeln, ihr Herz zu öffnen und ihre Kreativität zu entfalten. Kurzum: Jeder, der in der Welt und durch diese Erfüllung finden will, der spirituell erwachen möchte, oder sich einfach als Wahrheitssucher sieht, wird hier fündig.

Und nicht zuletzt wende ich mich an diejenigen Leserinnen und Leser, die mithilfe meiner früheren Bücher und/oder Seminare bereits den Weg beschreiten, den ich gehe und lehre, und die gerne den neuen, entscheidenden Schritt, den ich vor einiger Zeit entdeckt habe, für sich ebenfalls nachvollziehen möchten.

Mit diesem Buch möchte ich Ihnen eine Entdeckung offenbaren, die für das Erreichen Ihrer Ziele von entscheidender Bedeutung sein kann: Sie wird Ihnen helfen, Ihre Wünsche ebenso zu verwirklichen wie Ihre Sehnsüchte zu stillen – und sie wird Sie zugleich von dem Bedürfnis unabhängig machen, den Gegenstand Ihrer Sehnsucht zu erlangen. Allerdings müssen Sie diese Entdeckung selber machen, ebenso wie ich sie allein aufgespürt habe.

Eine konkrete Angelegenheit, die Sie beschäftigt, ein aktueller Wunsch, der Sie bewegt oder ein Problem, das Sie plagt, werden Ihnen als Ausgangspunkt dienen.

Nur in der Theorie werden Sie nicht begreifen, was die Entdeckung für Sie bedeutet. Wer nur darüber liest, kann sie nicht verstehen, selbst wenn er meint, sie kognitiv verstanden zu haben. Es ist eine Entdeckung von unschätzbarem Wert, aber diese Erfahrung ist eben unzulänglich in Worten zu vermitteln. Haben Sie diese jedoch selber gemacht, dann werden Sie die Tragweite dieser Entdeckung und ihre Bedeutung für Ihr eigenes Leben verstehen. Um dorthin zu gelangen, müssen Sie innere Schritte gehen: Schritte der Wahrnehmung, die ich im Einzelnen anleiten werde. Sie sind ganz einfach.

In diesem Buch biete ich Ihnen kein oberflächliches »Wie-bekomme-ich-was-ich-wünsche«-Rezept, sondern eine Technik reiner, neutraler und bewusster Wahrnehmung, mittels derer Sie das, wonach Sie sich sehnen, in sich selber entdecken. Das bedeutet jedoch nicht, dass Sie auf die äußere Erfüllung Ihrer Wünsche verzichten müssen, sondern Sie werden beobachten können, wie Ihre Wünsche auf eine organische und leichte Weise wahr werden, während Sie selber immer weniger von dieser Erfüllung abhängig sein werden.

Die Wahrnehmungsschritte, die Sie dorthin führen, werden Sie selbst gehen müssen. Um Ihnen jedoch zu Beginn dieser Reise eine Idee davon zu vermitteln, worum es geht und welchen neuen Weg ich Sie einlade zu entdecken, werde ich Ihnen in den ersten Kapiteln die Essenz der Entdeckung beschreiben – soweit sie sich eben mit Worten beschreiben lässt. Mit einem Märchen lässt sich diese Essenz am klarsten, einfachsten und anschaulichsten vermitteln. Damit möchte ich beginnen, um dann wenige theoretische Kapitel folgen zu lassen, bevor wir, bereits im Teil II des Buches, zur Praxis schreiten.

Auch wenn Sie von Anfang an verstehen sollten, worauf meine Ausführungen hinzielen, bitte ich Sie die Schritte, die ich Sie in den gekennzeichneten »Übungen« zu tun auffordere, tatsächlich auch zu unternehmen – sonst, wie bereits betont, glauben Sie nur zu verstehen, ohne es aber wirklich zu tun. Vielleicht sind Sie beim Lesen der ersten Kapitel nicht besonders beeindruckt und fragen sich: »Na und? Ist das alles?« Dann kann ich Ihnen jedoch eines versichern: Solange Sie am Ball bleiben und den beschriebenen inneren Weg tatsächlich einschlagen, werden Sie schon bald bemerken, dass sich hinter der vermeintlichen Binsenweisheit ein Geheimnis von ungeheurer Tragweite verbirgt.

Interessiert es Sie, warum und wie ich dazu gekommen bin, dieses Buch zu schreiben, finden Sie im nun folgenden Kapitel »Hintergrund und Vorgeschichte«. Falls Sie lieber sofort zur Sache kommen möchten, dann können Sie gleich mit Teil I einsteigen.

Vorgeschichte und Hintergrund
dieses Buches

Erschaffen wir unsere Realität, oder sind wir Opfer einer Wirklichkeit außerhalb von uns, die unser Schicksal bestimmt und auf die wir nur sehr geringen Einfluss haben? Wenn wir selbst unsere eigene Realität kreieren, wie geht das vor sich? Viele, wenn nicht sogar die Mehrheit von uns, würden ja über ihre derzeitige Realität eher sagen: »So etwas würde ich nie erschaffen!« Seit Prentice Mulford über Joseph Murphy bis hin zu den zeitgenössischen Vertretern wie Bärbel Mohr und Rhonda Byrne mit The Secret haben sich viele Autoren mit diesem Thema beschäftigt und ihre Erfahrungen und Theorien in zahlreichen Büchern dargelegt. Im Prinzip, stark vereinfacht, läuft es darauf hinaus, dass wir nur richtig denken und visualisieren müssen, damit wir das bekommen, was wir wünschen, und das ausmerzen, was wir uns nicht wünschen.

Ich selber habe mit diesen geistigen Techniken viel experimentiert und einige eigene Erkenntnisse und Erfahrungen dazu Anfang der 1990er Jahre in dem Buch *Den Weg des Herzens gehen*[1] veröffentlicht. Seit etwa 30 Jahren beschäftigen mich dabei auch folgende Fragen: Wie funktioniert unser Denken? Unser Fühlen? Wie hängen Denken und Fühlen miteinander und mit dem Körper zusammen? Und mit unserem Schicksal? Wie kommt es, dass unsere Wünsche sich erfüllen oder eben nicht erfüllen? Und geht es im Leben überhaupt darum, kreativ zu sein, sein Schicksal zu gestalten und seine Wünsche zu erfüllen?

Oder geht es vielmehr darum, das Leben an sich wahr- und anzunehmen? Sich ihm hinzugeben wie einem Gelieb- ten? Oder ihm zu entsagen, um Erleuchtung zu finden? Das ist nur eine Auswahl an Fragen, um einige Ansätze zu illustrieren, die von Menschen aus unterschiedlichen geis- tigen Richtungen entwickelt wurden.

Ich habe all diese Ansätze und Wege ausprobiert; bin einige Jahre lang ganz bewusst den kreativen Weg gegan- gen, auf dem es darum geht, seine Realität mit geistigen Mitteln bewusst zu erschaffen. Dann habe ich den rezep- tiven Weg eingeschlagen, bei dem man nichts weiter übt als das, was ist, so wie es ist, einfach wahrzunehmen. Den Weg der Liebe und Hingabe an die Realität bin ich auch gegangen. In zahlreichen Retreats habe ich ferner geübt, der Welt für eine begrenzte Zeit zu entsagen. Manchmal habe ich mich in der Meditation über all diese Wege und Perspektiven erhoben und versucht, das Ganze aus einer umfassenderen Perspektive zu betrachten. Der Weg, der sich dann als mein eigener herauskristallisiert hat, ist Schritt für Schritt aus der Intuition heraus entstanden. In- tuition ist die Fähigkeit, etwas zu wissen, ohne zu wissen, woher dieses Wissen herrührt. Dazu gehört auch, dieser Eingebung zu folgen, selbst wenn der Verstand im Dun- keln tappt. Auf diese Weise hat sich mir allmählich ein Weg erschlossen, den ich erst im Gehen nach und nach begriffen habe. Ich könnte diesen Weg auch eine Metho- de nennen, die all die genannten Ansätze in sich vereint. Sie ist vom Prinzip her einfach, denn sie besteht aus nichts anderem als Wahrnehmung.

Ganz gleich, was wir anstreben – die Erfüllung unserer Wünsche, eine Veränderung unserer Situation oder unse- rer Persönlichkeit, die Lösung eines Problems, unsere Heilung oder Erneuerung –, auf diesem Weg kann all dies bewirkt werden, und zwar nicht durch irgendein Tun, sondern durch Wahrnehmen.

Wenn wir diesen Weg der Wahrnehmung konsequent und bis zu Ende gehen, entdecken wir, dass wir mithilfe unserer Wahrnehmung die Fähigkeit erlangen, erschaffen zu können.

Wir entdecken, dass wir, indem wir wahrnehmend erschaffen, eine Liebesbeziehung mit dem Leben unterhalten. Es ist zugleich ein Weg der Erfüllung und ein Weg der Entsagung. Wir entsagen nicht unseren Wünschen, sondern unserer Identifikation mit den Gedanken, die mit ihnen verknüpft sind.

Ich möchte Sie einladen, diesen Weg mit mir zu beschreiten. Welcher Ausgangspunkt und welches Ziel es auch immer bei Ihnen sind: Sie werden davon profitieren.

Beginnen Sie den Weg als jemand, der ein Problem hat und sich Lösung erhofft, so werden Sie voraussichtlich nicht nur diese Lösung finden, sondern gleichzeitig entdecken, wie Sie dieses Lösungsprinzip auf jedes weitere Problem anwenden können. Sie werden das Problem nicht mit einem Fingerschnippen fortzaubern können, aber Sie werden ein- für allemal wissen, wie Sie Ihre Wahrnehmung so lenken können, dass Sie Ihr Problem ergründen und zur Lösung – die dort bereits liegt – vordringen. Machen Sie sich auf den Weg als jemand, der wissen möchte, wie er sich seine Wünsche erfüllen kann, so werden Sie lernen, so tief in Ihre Wünsche einzudringen, dass Sie deren Essenz in sich entdecken und verwirklichen werden. Wenn Sie den Weg beschreiten mit der Absicht, negative Überzeugungen, geistige Programmierungen, emotionale Verhaltensmuster, Süchte, Zwänge hinter sich zu lassen oder sich nicht mehr durch eine bestimmte Perspektive einschränken zu lassen, dann werden Sie dieses grundsätzliche Erwachen anhand eines bestimmten Themas, das Sie beschäftigt, erleben. Auch dann haben Sie wieder Schritte gelernt, die bei jedem weiteren Problem oder Thema dieses Erwachen erneut in Gang setzen können. Vorausgesetzt natürlich, Sie gehen den Weg tatsächlich und lesen nicht nur darüber.

Diesen methodisch einfachen Weg habe ich vor vielen Jahren entdeckt. Weil die Wahrnehmung auf diesem Weg beim Körper beginnt und im Herzen endet, habe ich ihm damals den Namen »körperzentrierte Herzensarbeit« gegeben. Dieser Name ist viel zu kompliziert für die Methode, die ihrem Wesen nach so einfach ist, jedoch hat er sich inzwischen eingebürgert, weswegen ich nun dabei bleibe.

In meinen Seminaren und Ausbildungskursen und in einer ganzen Reihe von Büchern lehre ich diesen Weg: Das älteste und ausführlichste Arbeitsbuch dazu war: *Das Tao des Herzens*, 10 Jahre später folgte dann eine ganze Serie: *Herz öffnen statt Kopf zerbrechen, Aufwachen und lachen, Befreie deine Sehnsucht, Wieder fühlen lernen* und *Intimität. Das Geheimnis des Glücks.* In jedem einzelnen Buch habe ich den Weg aus einer neuen Perspektive heraus betrachtet und bin auf ihm ein Stück weiter gegangen.

Vor einiger Zeit bin ich dann noch weiter vorgedrungen, habe noch ein wenig intensiver ausgeforscht und habe somit mit meiner Wahrnehmung einen weiteren wesentlichen Schritt getan, den ich »der entscheidende Schritt« genannt habe. Wenn jeder vorangegangene Schritt bereits ein großes Aha-Erlebnis für mich war, so war dieser eine umwälzende Entdeckung. An dieser Stelle nimmt der Weg

eine neue Richtung ein, wird positiv, kreativ, und wir erlangen ein neues Verständnis von Kreativität und von der
Art und Weise, wie wir fortlaufend uns selber und unser
Schicksal weitergestalten auf der Basis dessen, was in uns
angelegt ist.

TEIL I

DAS WAHRE GEHEIMNIS

DER WUNSCHERFÜLLUNG

DAS GEHEIMNIS
DER WUNSCHERFÜLLUNG

Das wahre Geheimnis der Wunscherfüllung ist ganz einfach ..., und liegt nicht da, wo man es zuerst sucht.

Es liegt in einer Entdeckung, die so unscheinbar ist, dass man erst auf den zweiten Blick erkennt, dass in ihr das ganz große Geheimnis liegt.

Das Geheimnis, das sowohl zur Erfüllung der Sehnsucht führt als auch zur Befreiung von dem Bedürfnis nach dieser Erfüllung. Wenn ich Ihnen diese Entdeckung jetzt in Worten verrate, werden Sie sagen: Na und?

Um sie wirklich zu verstehen, müssen Sie erst selber den Weg gehen, der zu ihr führt. Den Weg, den ich auch gegangen bin: Den Weg des Fühlens.

Ich werde Sie auf diesem Weg begleiten, indem ich alles, was ich Ihnen weitergebe, in mir selber nachvollziehe, daher erlauben Sie mir, Sie von jetzt an auf dieser gemeinsamen Reise mit einem »Du« anzusprechen.

Indem du den entscheidenden Schritt auf dem Weg des Fühlens gehst, wird es dir wie Schuppen von den Augen fallen, und du wirst verstehen, dass du in deinem Bemühen um das Erreichen deiner Ziele immer an der falschen Front gekämpft hast. Du wirst erkennen, dass die Erfüllung deiner Sehnsucht am entgegengesetzten Ende beginnt – an dem Ende, das du stets übersehen hast: bei dir selbst.

In deinem eigenen Herzen.

Was du wünschst, ist dort schon vorhanden.

Du hast es nur nicht gemerkt.

Die Situation, in der du dich gerade befindest, hilft dir, es zu entdecken, sofern du sie zu nutzen verstehst.

Und sobald du es in deinem Herzen entdeckst, wird es zur Realität.

Erst zu einer inneren, dann zu einer äußeren Realität.

Das ist das Geheimnis der Manifestation – und zugleich deine Befreiung.

Es ist der Beginn deiner Unabhängigkeit und deines Erwachens.

DER MENSCH, DER SICH SEHNTE –
EIN MÄRCHEN

Es war einmal ein Mensch, der sich nach etwas sehnte. Wie fast alle Menschen hatte er einen brennenden Wunsch, der nicht in Erfüllung gehen wollte. Er hatte gekämpft und gearbeitet, um den Gegenstand seiner Sehnsucht zu erlangen. Manchmal schien er ein wenig Erfolg mit seinen Bemühungen zu haben, dann wieder rückte das Ziel in weite Ferne.

Eines Tages gab der Mensch es auf, sich danach zu sehnen. »Es hat keinen Zweck«, sagte er sich. »Ich erhalte es doch nicht. Vielleicht ist es besser so. Ich will mich damit begnügen, es nicht zu bekommen.«

Der Gedanke, sich damit abzufinden, stimmte ihn zwar traurig, aber es schien erträglicher zu sein, als ständig um etwas Unmögliches zu kämpfen.

Eines Tages traf er einen Weisen. »Du bist traurig«, sagte dieser zu ihm. »Ich?«, fragte unser Mann erstaunt. »Wieso? Mir geht es doch gut.« Denn er hatte die Sehnsucht und die Traurigkeit tief in seinem Innern vergraben und wusste nichts mehr von ihnen.

»Du bist sehr traurig«, beharrte der Weise. »Und du weißt auch warum.« Da traten unserem Mann Tränen in die Augen, und er erinnerte sich an die Sehnsucht, die er in seinem Innern verschüttet hatte. »Ja«, gab er zu. »Ich bin traurig. Ich hatte einmal eine große Sehnsucht, und ich habe gearbeitet und gekämpft, um das zu erlangen, wonach ich mich sehnte, aber es war vergebens. Da beschloss ich, es einfach aufzugeben und zu vergessen. Du hast mich jetzt daran erinnert. Es tut sehr weh.«

»Es ist gut, dass es weh tut«, sagte der Weise, »denn dieser Schmerz erinnert dich an dich selber.«

»Stimmt«, erwiderte unser Mann. »Es ist seltsam, aber jetzt, wo ich Tränen in den Augen habe und meinen Schmerz fühle, ist es so, als sei ich heimgekehrt.«

»Jede Sehnsucht kann gestillt werden«, sagte der Weise. »Auch deine. Du hast nur am falschen Ende gesucht.«

»Wo muss ich denn suchen?«, fragte der Mann. »In dir selbst«, sagte der Weise. »In deinem eigenen Herzen.«

»Wie kann ich das in meinem Herzen finden, was sich doch dort draußen befindet? Und was nützt mir, etwas in meinem Herzen zu finden, wo ich mich doch nach etwas sehne, das ich dort draußen sehe?«

»Du weißt nicht, wonach du dich sehnst«, sagte der Weise. »Du denkst, du sehnst dich nach dem dort draußen, aber in Wirklichkeit sehnst du dich nach etwas, das in dir ist. Das dort draußen weckt in dir die Erinnerung an das, was in dir ist.«

»Mag ja alles sein«, sagte der Mann, »aber ich will eben das da draußen und nicht das da drinnen.«

»Auch gut«, entgegnete der Weise. »Aber du musst es erst in dir finden, bevor du es dort draußen entdeckst.«

»Das interessiert mich schon mehr«, sagte unser Mann. »Dann zeig mir, wie ich es im Innern finden kann.«

»Das ist ganz einfach«, sagte der Weise. »Du musst nichts weiter tun, als in dein Herz zu schauen. In deinem Herzen wohnt deine Sehnsucht, und in deinem Herzen wohnt auch das, wonach du dich sehnst. Dort ist alles. Du musst es nur fühlen.«

Unser Mann ging in sich und spürte tief in sein Herz hinein. Er fühlte seine Traurigkeit, seinen Zorn und seine Bitterkeit darüber, dass er das nicht bekommen hatte, wonach er sich so sehr sehnte. Dann aber nahm er seine Sehnsucht wahr, und hinter der Sehnsucht trat das hervor, wonach er sich sehnte – und das war ein Gefühl. Es war ein wunderschönes Gefühl, und genau das Gefühl, wonach er sich immer gesehnt hatte, nur hatte er bisher nicht gewusst, dass das Objekt seiner Sehnsucht

in Wirklichkeit ein Gefühl war. »Es ist ein Gefühl«, sagte er zu-
tiefst erstaunt. »Ich habe immer gedacht, ich sehne mich nach
dem, was ich dort draußen sehe, aber nun erkenne ich, dass ich
mich nach einem Gefühl gesehnt habe! Und das Unglaubliche
ist: das Gefühl ist schon da. Ich muss es nur wahrnehmen.«

»Nimm es mit«, sagte der Weise. »Trage es stets in deinem
Herzen, halte es heilig, hole es immer wieder hervor, wenn du es
vergessen hast. Eines Tages werden wir uns wieder treffen, und
du wirst mir erzählen, dass du das, was dort draußen deine
Sehnsucht geweckt hatte, tatsächlich auch erreicht hast.«

Unser Mann folgte dem Rat und bewahrte das Gefühl in seinem
Herzen wie ein kostbares Juwel, das er immer wieder hervor-
holte, bewunderte und polierte. Nach und nach durchdrang die-
ses Gefühl ihn so sehr, dass es kein Gefühl mehr war, sondern
zu einer inneren Wirklichkeit wurde. Die Menschen, die ihn
kannten, wunderten sich über seine Wandlung. Manche ärgerten
sich auch darüber, denn sie erkannten ihn nicht mehr und
konnten nicht mehr in der gleichen Weise wie bisher mit ihm
umgehen. Andere wiederum beglückwünschten ihn zu dem inne-
ren Glück, das aus ihm heraus leuchtete. Viele Menschen suchten
seine Gegenwart, die früher niemals mit ihm zu tun haben woll-
ten. Neue Menschen traten in sein Leben, Menschen aus einer
Welt, die ihm früher verschlossen geblieben war – und so verän-
derte sich schließlich sein ganzes Leben. Die Sehnsucht, die ihn
so gequält hatte, war längst vergessen. Auch an das schöne Ge-
fühl dachte er nicht mehr, denn es war zu einem Teil seines We-
sens geworden, und er hatte sich neuen Horizonten zugewandt.

Eines Tages traf er den Weisen wieder: »Ich habe recht gehabt«,
sagte dieser. »Du hast es tatsächlich erreicht.« Da erinnerte sich
unser Mann an die Sehnsucht, unter der er einst so gelitten hatte,
und bemerkte mit Staunen, dass er sein Ziel tatsächlich erreicht
hatte. Nur war ihm das entgangen, da er sich inzwischen längst

mit anderen Dingen beschäftigt hatte. Es war ihm auch gar nicht mehr so wichtig. Denn er hatte ja das Gefühl, und dieses Gefühl war Teil seines Wesens geworden, und er empfand es als selbstverständlich, dass seine Welt nun so war, wie sie eben war. Er hatte sich gewandelt, und die Welt, in der er sich nun bewegte, passte so selbstverständlich zu diesem neuen Menschen, dass ihm seine eigene Veränderung gar nicht mehr aufgefallen war.

DIE KERNAUSSAGEN DIESES BUCHES
IM ÜBERBLICK

❧ Nicht das richtige Handeln führt zur Erfüllung deiner Wünsche, sondern das richtige Wahrnehmen.

❧ In Wirklichkeit sehnst du dich nicht nach dem Objekt, sondern nach dem Gefühl, das du dir damit zu erhalten versprichst.

❧ Dieses Gefühl ist jetzt schon in dir vorhanden. Du musst es nur entdecken.

❧ Du brauchst das Objekt deiner Sehnsucht nicht, um dieses Gefühl zu haben. Du kannst dich jetzt schon so fühlen.

❧ Bisher hast du dieses Gefühl mit einer Tatsache verwechselt: Du wusstest nicht, dass es sich um ein Gefühl handelt. Deshalb hast du es nie wahrgenommen. Wenn du es jedoch in dir entdeckst, kannst du es fühlen. Indem du es fühlst, wird es zu deiner inneren Wirklichkeit; völlig unabhängig von den Umständen.

- Je mehr diese Wahrnehmung zu deiner inneren Wirklichkeit wird, desto klarer strahlt es als Qualität deines Wesens aus dir heraus und wirkt auf deine Welt. Und diese verändert sich dergestalt, wie du es dir immer gewünscht hast.

- Auf diese Weise wird dein Wunsch zu Wirklichkeit.

- Aus dem, was heute dein größter Mangel ist, wird morgen deine größte Qualität.

- All dies geschieht nicht durch unser Tun, sondern durch unsere Wahrnehmung.

- Erfüllung findest du nicht, indem du bekommst, was du dir wünschst, sondern in dem schönen Gefühl, das die Wahrwerdung dieses Wunsches oder die Vorstellung davon in dir auslöst.

- Hinter jedem Problem, das dich quält, steckt etwas Schönes, das Wirklichkeit werden will.

Wie werden wir zum Millionär?

Wie können wir es bewirken, dass unsere Wünsche sich erfüllen?

Der weltliche Mensch sagt: Prüfe, ob es überhaupt möglich ist, dein Ziel zu erreichen. Wenn die Antwort nein ist, dann vergiss es; wenn ja, sammle nützliche Informationen und Kontakte – und handle, kämpfe, arbeite. Tue, was immer du dafür tun musst.

Der geistige Mensch sagt: Formuliere deinen Wunsch im Geist so deutlich du kannst. Mach dir eine klare bildliche Vorstellung von deinem Ziel. Konzentriere dich auf diese Vorstellung. Bete um Erfüllung oder bestelle, was du dir wünschst. Affirmiere (bestätige) die erwünschte Realität; und vertraue darauf, dass sie sich auf die eine oder andere Weise verwirklicht.

Die weltliche Mensch, der davon überzeugt ist, dass es nur das gibt, was die Augen sehen und die Ohren hören können, versucht in der materiellen Welt, alle Hebel in Bewegung zu setzen, um sein Ziel zu erreichen. Der geistige Mensch wiederum, der zutiefst von der Erkenntnis durchdrungen ist, dass die eigentliche Natur der Realität eine geistige ist, und dass jede Erscheinung in der materiellen Welt eine Folge eines Gedankens und einer Vorstellung ist, arbeitet an seinen Zielen mit feinstofflichen Mitteln – mit Gedanken und Vorstellungen.

Beide Ansätze basieren auf einigen Missverständnissen. Ich werde dir kurz unsere normale Auffassung skizzieren, bevor ich auf diese Missverständnisse eingehe.

Eine kleine Geschichte
der Sehnsucht

Ich wünsche mir etwas:
Einen Gegenstand, einen Umstand, einen
Menschen, einen Ort. Ein Etwas.
Etwas, das ich nicht habe.
Ich muss etwas tun, um es zu bekommen.
Ich brauche es, um glücklich zu sein.
Es zu haben, wird mich glücklich machen.

Ich mache, ich kämpfe, ich arbeite, ich bete,
aber ich bekomme es nicht.
Ich bin unglücklich.
Meine Sehnsucht wird nicht gestillt.
Ich bin unzufrieden.

Ich gebe auf.
Ein wenig bitter, resigniert, ein wenig grollend,
aber auch ein wenig weiser geworden,
denn ich habe erkannt:
Nicht jede Sehnsucht kann gestillt werden.
Man muss mit dieser Einsicht eben leben.

Ich mache, ich kämpfe, ich arbeite, ich bitte,
und ich bekomme es.
Ich habe es geschafft. Es gehört mir.
Ich will es für immer haben.
Ich habe Angst, es zu verlieren. Ich muss es sichern.
Am liebsten sogar noch mehr davon haben –
und noch mehr.

Unzufrieden bin ich dabei immer noch.
Eines Tages habe ich schließlich ganz viel davon,
mehr als ich tatsächlich verwenden kann,
und es ist mir sicher.
Ich langweile mich.
Ich will mehr. Ich will Neues. Etwas, das mir fehlt.
Etwas, das ich nicht habe.
Wofür ich etwas tun muss, um es zu erlangen.
Etwas, das mich glücklich macht, wenn ich es habe.

 ... und eine Geschichte
der großen Missverständnisse

Missverständnis Nummer 1:

Das, wonach ich mich sehne, ist ein Objekt (ein Umstand,
ein Gegenstand, ein Mensch, ein Ort), etwas außerhalb
meiner selbst.

Das ist falsch.

Ich glaube, mich nach dem Mann zu sehnen, in Wirklichkeit jedoch sehne ich mich nach dem Gefühl, dass das Zusammensein mit diesem Mann mir vermutlich verschaffen
würde.

Nicht das Objekt, sondern das Gefühl ist Ziel meiner
Sehnsucht.

MISSVERSTÄNDNIS NUMMER 2:

Wenn ich das Objekt habe, bin ich glücklich.

Das ist in dreifacher Hinsicht falsch.

Erstens: Ist der Traummann an der Angel, fängt womöglich der Albtraum an. Wäre nicht das erste Mal, dass jemand erst hinterher feststellt, dass er sich den Falschen gewünscht hat.

Das Objekt meiner Sehnsucht zu erreichen, kann meiner Vorstellung zuwiderlaufen und anderes nach sich ziehen– sogar das Gegenteil von dem, was ich mir ursprünglich gewünscht habe.

Zweitens: Vielleicht ist es tatsächlich mein Traummann, und alles entwickelt sich wunderbar, aber ist denn damit gesagt, dass mich das Zusammensein mit ihm automatisch glücklich machen wird? Wer kennt nicht Menschen, die in traumhaften Umständen leben und trotzdem kreuzunglücklich sind?

Das Objekt zu erreichen mitsamt der positiven Entwicklung, die ich mir erwünsche, macht ja nicht automatisch glücklich.

Drittens: Ich »bin« überhaupt nicht glücklich; bei Glück handelt es sich nicht um etwas, das ich bin, sondern um etwas, das ich fühle. Ein Gefühl, um wieder auf den springenden Punkt zu kommen. Ich fühle mich nämlich nur glücklich, wenn ich überhaupt zu fühlen fähig bin. Aber wer von uns fühlt wirklich? Wer weiß überhaupt, was es bedeutet zu fühlen? Wie wir später sehen werden, ist das für viele von uns Neuland. Fühlen ist etwas, das wir erst wieder entdecken müssen. Wir fühlen nicht, wir denken.

Glück ist keine Tatsache, sondern ein Gefühl. Es nützt mir nur etwas, wenn ich es auch fühle.

MISSVERSTÄNDNIS NUMMER 3:

Wenn mein Wunsch sich realisiert, bedeutet das für mich Erfüllung.

Das ist in zweifacher Hinsicht falsch.

Erstens: Wie ich eben erläutert habe, kann die Verwirklichung des Wunsches eine Katastrophe bedeuten, und dann fühle ich mich nicht erfüllt, sondern bestenfalls überdrüssig.

Zweitens: Erfüllt bin ich nicht von einem Objekt, sondern von einem Gefühl. Und zwar nur dann, wenn ich dieses Gefühl tatsächlich auch wahrnehme, was aber selten von uns praktiziert wird.

Daher erleben wir auch keine Erfüllung.

Deshalb wollen wir immer mehr.

Erfüllung ist übrigens ebenfalls keine Tatsache, sondern ein Gefühl, und will gefühlt werden, sonst hat man nichts davon.

MISSVERSTÄNDNIS NUMMER 4:

Um das zu bekommen, wonach ich mich sehne, muss ich etwas tun.

Auch falsch.

Das, wonach ich mich sehne, ist kein Objekt außerhalb meines Selbst, sondern ein mir innewohnendes Gefühl. Deshalb kann ich es nicht erlangen, sondern muss es entdecken.

MISSVERSTÄNDNIS NUMMER 5:

Ich brauche das Objekt (die Realisierung meiner Wünsche), um mich so (wie ich mich fühlen will) zu fühlen.
Wieder falsch.

Kein Objekt, kein Mensch, kein Bankkonto kann in mir ein Gefühl erzeugen. Ein Gefühl ist kein Ding, das man in mich hineinkomplimentieren kann. Es ist vielmehr eine Art, mich zu fühlen, die durch etwas Äußeres nicht erzeugt, aber geweckt werden kann. Aber das Gefühl ist meines, und es war auch vorher schon in mir, jedoch unbemerkt oder unterdrückt, sozusagen schlummernd. Wecken kann ich es auch selber.
Und fühlen.
Alles, was ich brauche, um das schöne Gefühl zu haben, ist die Kunst der bewussten Wahrnehmung.

MISSVERSTÄNDNIS NUMMER 6:

Das, wonach ich mich sehne, habe ich noch nicht – sonst würde ich mich ja nicht sehnen, oder?
Auch falsch.

Das, wonach du dich sehnst, ist bereits in dir vorhanden, aber es ist dir nicht bewusst. Es will entdeckt werden, um aktiviert werden zu können. Du musst es nur entdecken.
Umstände und Menschen können dir helfen, es zu entdecken.
Aber es ist und bleibt dein Gefühl.

MISSVERSTÄNDNIS NUMMER 7:

Die Verwirklichung meines Wunsches ist das Ergebnis richtigen Handelns.
Erneut falsch.

Du kannst alles richtig machen, ohne dass dein Wunsch sich je erfüllt. So viele brave Menschen rackern sich ab und bemühen sich redlich und erreichen das Objekt ihrer Sehnsucht dennoch nicht.

Entdeckst du jedoch, dass das eigentliche Ziel deiner Sehnsucht ein Gefühl ist, so setzt du die Verwirklichung deines Wunsches in Gang. Erst ist es nur ein Gefühl und bei regelmäßiger Wahrnehmung wird es zu deiner inneren Realität: es durchdringt dein Denken, dein Handeln, deine Haltung, deine Ausstrahlung und zieht schließlich die entsprechenden Umstände und Menschen an.

Allein eine bewusste Wahrnehmung benötigst du, um deine Sehnsucht zu stillen.

ICH FASSE NOCH EINMAL ZUSAMMEN:

Das, wonach du dich sehnst, ist in Wirklichkeit nicht der Gegenstand deiner Wünsche, sondern ein Gefühl. Das Gefühl, das gemäß deiner Vorstellung eintreten wird, sobald du das Objekt deiner Wünsche erreichen wirst.

Du denkst, du brauchst diese Sache, um das Gefühl entstehen zu lassen, also um zum Beispiel glücklich zu sein.

Aber ein Gefühl ist nicht etwas, das du besitzt, auch nicht etwas, das du bist, sondern etwas, das du fühlst. Es ist kein äusseres Objekt, es ist etwas Inneres. Es ist innerhalb deiner selbst.

Es ist deins. Jetzt schon.

Es ist noch nicht als gefühlte Realität vorhanden, aber als Möglichkeit wie ein Keim.

Es liegt an dir, es nur zu entdecken.

Der ersehnte Gegenstand (Mensch, Umstand, Ort), kann dir, wenn alles gut geht, helfen, dieses Gefühl in dir zu entdecken.

Aber das nützt dir nur etwas, wenn du es dann auch fühlst.

Du brauchst den Gegenstand aber nicht, um es zu fühlen. Du kannst es auch gleich jetzt fühlen.

Das ist der Beginn der Verwirklichung deiner Sehnsucht. Die Verwirklichung deines Wunsches ist das Ergebnis einer Entdeckung: Du hast in dir eine Möglichkeit entdeckt, der du zur Realisierung verhilfst, indem du sie wahrnimmst.

Die Frage ist also nicht: Wie werde ich Millionär? Sondern: Wonach sehne ich mich wirklich? Wozu sollen die Millionen mir dienen? Wie will ich mich fühlen, wenn ich sie habe? Um dieses Gefühl geht es. Ich will die Millionen, weil ich glaube mich erst dann so fühlen zu können, wenn ich sie besitze.

Ich kann mich aber auch jetzt schon so fühlen. Ich muss das Gefühl nur entdecken.

Ich muss nichts weiter tun, als meinen Wunsch bewusst wahrzunehmen, bis auf den Grund durchleuchten, dort finde ich das Gefühl.

Und die Millionen?

Wenn ich mich bereits jetzt so fühle, wozu brauche ich sie dann noch?

Mach dir keine Sorgen, denn dieses neue positive Gefühl wahrzunehmen führt dazu, die Millionen oder ganz allgemein den Gegenstand unserer Sehnsucht zu uns heranzuziehen – sobald wir es in uns entdecken, bewusst wahrnehmen und zu einer inneren Realität heranwachsen lassen.

ZWEI EXEMPLARISCHE LEBENSMODELLE ZEIGEN, WIE UNSERE GEFÜHLE UNSERE REALITÄT ERSCHAFFEN:

RUDOLF ist reich; er entstammt einer wohlhabenden Familie und weiß, das geerbte Geld geschickt zu vermehren. Er hat sich niemals Gedanken darüber gemacht, aber er fühlt sich im doppelten Sinn vermögend – er besitzt Geld (Vermögen) und er vermag alles – weil er es bezahlen kann. Daher könnte man sogar sagen, er fühlt sich potent (= vermögend im letzteren Sinne). Potenz ist anziehend; in jeder Hinsicht. Rudolf zieht nicht nur Frauen an, er zieht allgemein betuchte, begabte, berühmte Menschen an, sodass sein Reichtum sich in jeder Hinsicht weiter vermehrt. Er zieht auch Leute an, die hoffen, von seiner Attraktivität profitieren zu können. Wittert er dabei in ihnen ein ihm ähnliches (inneres) Vermögen, lässt er sich auf sie ein. Diejenigen jedoch, die Bedürftigkeit oder Gier ausstrahlen, meidet er aus einem natürlichen Instinkt heraus. Er spendet Geld für wohltätige Zwecke, aber hasst es, ausgenutzt zu werden.

NADINE hingegen ist arm; ihre Eltern haben sich ihren Lebensunterhalt mit harter Arbeit finanziert und ihr beigebracht, arm, aber ehrlich zu sein. Nadine will aber nicht arm sein. Sie will lieber reich sein. Sie beneidet Menschen wie Rudolf und merkt dabei nicht, dass Menschen wie Rudolf mit Menschen wie Nadine nicht gern in Berührung kommen. Nadine strahlt nämlich unbewusst aus: »Ich bin arm und bedürftig, und das ist ungerecht. Du bist reich, du musst mir etwas abgeben. Da du das freiwillig nicht tust, werde ich dich irgendwie dazu verführen.«

Menschen wie Rudolf hüten sich vor Menschen wie Nadine. Es sei denn, diese Nadines sind zufällig bildhübsch, und die Rudolfs lassen sich von ihrer Erscheinung blenden.

Der Menschentyp Nadine könnte jedoch diese Kluft überbrücken. Sie könnte sich ihrer Sehnsucht bewusst werden, anstatt nur von ihr getrieben zu sein. Sie könnte ihr auf den Grund gehen und herausfinden, wonach sie sich wirklich sehnt und wie sie sich eigentlich fühlen möchte. Vielleicht geht es ihr ähnlich wie Rudolf um das »Vermögen«, alles tun und sich alles leisten zu können. Vielleicht geht es um das Gefühl, versorgt und in Sicherheit zu sein; vielleicht um das Gefühl von Reichtum oder Wohlgefühl. Nadine könnte beispielsweise das Gefühl von Versorgtsein auf dem Grund ihrer Sehnsucht entdecken. Dann könnte sie sich jetzt schon so fühlen.

In einer Nadine, die sich rundum versorgt fühlt, witterte ein Menschenschlag wie Rudolf keine Gefahr mehr, er ginge ihr bei einer Begegnung nicht mehr aus dem Weg. Eine Nadine, die »rundum Versorgtsein und Zufriedenheit« ausstrahlt, wäre eine angenehme und attraktive Person für Menschen, die Geld haben. Diese würden sie nämlich instinktiv als ihresgleichen erkennen. Somit und durch das Gesetz der Resonanz, »Gleiches zieht Gleiches an«, ließe wahrscheinlich die äußere Widerspiegelung dieses inneren »vermögenden« Gefühls – nicht lange auf sich warten.

Allerdings vergaß ich zu erwähnen, dass unsere Nadine dieses schöne Gefühl erst in sich wird entdecken können, wenn sie ihr Herz für ihren Neid, ihre Unzufriedenheit, ihren Mangel und den Schmerz der Ungerechtigkeit geöffnet hat. Solange sie mit diesen identifiziert bleibt, werden sie ihr den Zugang zu der ersehnten positiven Realität verwehren.

WAHRNEHMUNG
BRINGT UNS ANS ZIEL

Wenn wir uns auf unser akutes Problem oder unseren aktuellen Wunsch konzentrieren und diese Angelegenheit bis auf den Grund beleuchten, so werden wir stets entdecken, dass dieser Grund ein Gefühl ist, und zwar ein negatives, ein emotionaler Schmerz. Mit diesem Schmerz ist stets eine Sehnsucht verbunden. Folgen wir dieser Sehnsucht im Geist, so stoßen wir auf ein positives Gefühl, das darauf wartet, entdeckt zu werden.

Bis wir es gefunden haben, halten wir dieses Gefühl für eine Tatsache außerhalb von uns, für eine äußere Bedingung, eine bestimmte Gruppierung von Umständen. Wir arbeiten, planen, denken uns Strategien aus, kämpfen, eifern, um diese ersehnten Umstände zu realisieren. Oder wir verfallen und verharren in Resignation, Aussichtslosigkeit oder Bitterkeit, da sie sich nicht realisieren lassen wollen. Vielleicht konzentrieren wir unsere geistigen Kräfte auch darauf, sie über Visualisierung und Konzentration ins Leben zu bringen.

In Wirklichkeit geht es viel leichter und viel eleganter. Das ist eine erstaunliche Entdeckung. Wir brauchen eigentlich gar nichts zu tun; wir müssen nur wahrnehmen. Wenn wir die Fähigkeit zur bewussten und neutralen Wahrnehmung erst einmal in uns entdeckt und mobilisiert haben – den Teil in uns, der Zeuge des Geschehens ist, anstatt verwickelt zu sein –, können wir das, wonach wir uns tatsächlich sehnen, in uns selber finden. Dafür brauchen wir nur unseren Wünschen oder Problemen auf den Grund zu gehen. Dabei werden wir jedes Mal von Neuem mit Überraschung und Erstaunen entdecken, dass es sich bei diesem Grund um nichts weiter handelt als – ein bislang nicht wahrgenommenes Gefühl! Und das deshalb nicht Teil unserer Realität zu sein schien. Wir sahen es bei anderen, beneideten oder bewunderten sie darum. Für uns jedoch schien dieser Zustand nicht oder schwer erreichbar: Wohlstand. Reichtum. Macht. Beliebtheit. Ansehen. Glanz. Charisma. Größe. Schönheit. Geborgenheit. Meisterschaft. Sicherheit. Freiheit.

Um diese Qualitäten erleben zu können, wünschen wir uns Dinge, Umstände, Objekte oder Beziehungen, die uns dazu verhelfen sollen. Daher wollen wir ein großes Auto, ein schönes Haus, eine bestimmte Position in der Firma, in der Gesellschaft, in der spirituellen Gemeinschaft. Wir ersehnen uns einen attraktiven, aufmerksamen oder verständnisvollen Partner, vielleicht auch Erfolg im Beruf, auf dem Markt, auf der Bühne, auf dem geistigen Weg. Manche wünschen sich ein Leben in Ungebundenheit, andere wiederum eine feste Beziehung: Diese Liste ließe sich endlos fortsetzen.

Hinter all diesen konkreten Wünschen steckt in Wirklichkeit der Wunsch, eine bestimmte Qualität erfahren zu können, und das bedeutet letztlich, ein bestimmtes Gefühl zu erleben. Wir sind gewohnt zu denken, dass dies unauflöslich an bestimmte Tatsachen oder Umstände gekoppelt ist.

Genau besehen sind Tatsachen oder Umstände nicht not-wendig, um ein bestimmtes Gefühl zu erleben. Es reicht, sich die betreffenden Tatsachen oder Umstände vorzustel-len. Man hat festgestellt, dass es für den Körper und das Gehirn keinen Unterschied macht, ob man etwas real er-lebt oder es sich nur vorstellt. Wir brauchen jedoch kei-nerlei geistige Akrobatik auszuüben, um das Gewünschte zu erreichen.

Wenn wir dem einfachen, geraden, von der Zen-Philo-sophie inspirierten Weg, »Wahrnehmen, was ist«, folgen, so stoßen wir unweigerlich auf das gewünschte Gefühl. Wir brauchen uns nur unsere Wünsche genauer anzuse-hen, sie differenzierter wahrzunehmen, und wir entdecken es in unserem Innern. Jetzt müssen wir es nur noch iden-tifizieren und anerkennen als das, was es ist: ein Gefühl, das wir in uns leben lassen, dem wir Raum und Aufmerk-samkeit schenken, und es beginnt, real zu werden, erst in uns, dann in unserer Welt, und schließlich in unserem Leben.

Die gute Nachricht lautet demnach: Ja, wir können unser Schicksal verändern, gestalten, bewusst beeinflussen, und es ist sogar einfacher, als man denkt. Wir müssen nur ler-nen, bewusst wahrzunehmen.

Und die weitaus bessere Nachricht ist: Das, wonach wir uns sehnen, ist schon da – nämlich in uns, in unserem In-nern. Unsere Aufgabe ist nur, es zu entdecken. Es wahr-zunehmen.

Wie Jesus schon sagte: »Was immer ihr euch erbittet, wisset, dass ihr es schon erhalten habt.«

Letztlich sehnen wir uns immer nach einem Gefühl

Unsere Sehnsucht gilt also nicht einem Umstand, Gegenstand oder Menschen, sondern einem Gefühl.

Kann man denn jedes beliebige Gefühl völlig unabhängig von den Umständen wahrnehmen? Wenn ich krank und schwach bin, kann ich mich dennoch fit und froh fühlen? So einfach kann es doch nicht sein? Und was geschieht dann mit dem Gefühl, krank und schwach zu sein? Verschwindet das dann von allein? Kann ich morgens wie ein Maler zur Farbpalette einfach in meine Gefühlspalette greifen und eines auswählen?

Ganz so einfach ist es nicht. Die Lebenssituation, in der wir uns befinden, die Ereignisse, unsere Form der Beziehungen zu unseren Mitmenschen, zu unserer Umwelt, und vor allem die Art, wie wir all dies interpretieren, lösen Gefühle in uns aus, mit denen wir uns identifizieren. Diese können wir nicht einfach loswerden und gegen andere austauschen. Überhaupt ist die Idee unsinnig, Gefühle loswerden zu wollen. Ein Gefühl beschreibt einen emotionalen Zustand, und es ist kein Objekt, das an mir klebt. Ich kann Gefühle nicht loswerden, so fühle ich mich eben, trotz meiner emotionalen Selbstbeschönigung. Aber ich kann aufhören, meinen Gefühlszustand mit einer Tatsache, einer dauernden Gegebenheit oder einer Eigenschaft meines Wesens zu verwechseln, und anfangen, es als Gefühl wahrzunehmen. Dann brauche ich es nicht mehr loszuwerden – ich weiß nun, dass es einfach nur ein

Gefühl ist. Ich kann es erforschen und sagen, »aha, so fühlt sich Trauer also an«, oder »Wut«, und dann kann ich mein Herz dafür öffnen. Mehr ist nicht notwendig, um in einen völlig anderen Zustand zu gelangen.

Aber kommen wir zurück zu der wichtigen Frage: Können wir einfach jedes beliebige positive Gefühl fühlen und damit unsere Realität verändern? Theoretisch ja, praktisch nein. Wir können uns natürlich in die entsprechende schöne Situation hineinfantasieren und feststellen, wie sich das anfühlt. Das ändert jedoch nichts daran, dass wir mit ganz anderen Gefühlen identifiziert sind. Es ändert nichts an unserer Lage.

Wenn die wunderbare Erkenntnis, dass wir uns in Wirklichkeit nicht nach etwas Äußerem, sondern nach einem bereits vorhandenen Gefühl sehnen, tatsächlich greifen und Früchte tragen soll, müssen wir uns eine reale Sehnsucht vornehmen und ihr tatsächlich bis auf den Grund fühlen. Noch wirksamer als eine Sehnsucht ist ein Problem als Ausgangspunkt; denn die Sehnsucht, die wir auf dem Grund eines aktuellen Problems finden, ist uns wahrscheinlich zuvor nicht bewusst gewesen. Hier werden wir eine tiefere, authentischere finden als die Sehnsucht, die uns bereits bekannt war. In Teil II, dem Praxisteil dieses Buches, wirst du beides ausprobieren: erst die oberflächliche Vorgehensweise anhand einer bereits bewussten Sehnsucht, dann die gründlichere, die zu einer tieferen Sehnsucht führt.

Im Lauf unseres Lebens kommen verschiedene positive Eigenschaften unseres Wesens zur Entfaltung, was gleichbedeutend ist mit der Entdeckung der entsprechenden positiven Gefühle. Diese Reihenfolge ist sozusagen natur-

oder schicksalsgegeben, wir können sie nicht willkürlich wählen. Die Sehnsucht, die tief unter unserem aktuellen Lebensproblem vergraben ist, trägt eine positive Qualität in sich, die gerade jetzt entdeckt und verwirklicht werden will. Wonach wir uns jeweils sehnen, können wir nicht beeinflussen (sonst ist es keine echte Sehnsucht).

Es gibt also eine natürliche Reihenfolge, in der wir die positiven Gefühle, die in uns schlummern und die sich in unserem Leben verwirklichen wollen, manifestieren. Das Schöne an dem Weg, den ich dir hier empfehle zu gehen, ist, dass er aus nichts anderem besteht als reiner Wahrnehmung und du dabei genau zu dem geführt wirst, was dir am meisten am Herzen liegt.

Hast du erst erkannt, dass es beim Ziel deiner Sehnsucht »nur« um ein Gefühl geht und nicht um eine äußere Tatsache, – dann weißt du auch genau, wo es zu suchen ist: Innen, nicht außen. In deinem Herzen. Dann bist du auch nicht mehr abhängig von äußeren Umständen und anderen Menschen, um dieses Gefühl zu haben. Hast du dies erkannt, – dann bist du jetzt schon am Ziel deiner Wünsche. Denn das Ziel deiner Wünsche ist ja gar nicht ein Objekt in der äußeren Welt, sondern es ist dein inneres Gefühl.

Da es bereits vorhanden ist, musst du es nur entdecken.

Richtest du deine Aufmerksamkeit auf deine Sehnsucht und auf die Bilder, die diese Sehnsucht in deinem Geist erzeugt, und versetzt du dich in diese Bilder hinein, so wirst du das Gefühl, um das es geht, erleben. Jetzt. Nicht irgendwann, wenn du dies und das erobert und erreicht haben wirst oder zu etwas Bestimmten geworden bist.

Entdeckst du schon jetzt das Gefühl, ohne den Gegenstand deiner Sehnsucht erreichen zu müssen, dann verzichtest du auf diesen Umweg.

Dank des Resonanzprinzips verändern sich nun auch – als schöne Zugabe –, deine Lebensumstände in die gewünschte Richtung. Nur wirst du diese neue Richtung nun nicht mehr so sehr brauchen.

Du wirst einfach ein bestimmtes schönes Gefühl mit den Dingen und Menschen deiner Welt teilen, und das wird sich gut und natürlich anfühlen.

Sicherlich wird das nicht das Ende deiner Reise bedeuten, denn die nächste Sehnsucht taucht unweigerlich auf, und auch weitere Herausforderungen oder neue Probleme. Auch hinter diesen steckt letztlich auch »nur« ein Gefühl.

WAS AUCH IMMER
UNS ZU SCHAFFEN MACHT:
ES IST NUR EIN GEFÜHL

»Es ist nur ein Gefühl.« Wenn ich dir das sage, während du gestresst, traurig oder wütend bist, wirst du wahrscheinlich gekränkt reagieren und dich in deinem Leid nicht ernstgenommen fühlen. Und doch ist es die befreiende Erkenntnis schlechthin.

Welches Problem auch immer uns gerade zu schaffen macht – wir leiden letztendlich nur an einem Gefühl.

Mit dem Wörtchen »nur« möchte ich nicht die Bedeutung schmälern, vielmehr will ich damit ausdrücken: Das, woran du leidest, wovor du dich fürchtest, was du unter allen Umständen zu vermeiden suchst, ist nicht, wie du glaubst, eine Tatsache, sondern ein Gefühl. Schlimm wird es nur dadurch, dass du es mit einer Tatsache verwechselst, und zwar eine Tatsache, die dich selber, dein eigenes

Wesen, zu beschreiben scheint. Dann gelangst du zu dem Schluss: »Ich bin ungeliebt, abgelehnt. Im Stich gelassen. Gedemütigt. Ignoriert. Herabgesetzt. Betrogen. Wertlos. Opfer von Ungerechtigkeit, schlecht, schuldig, hässlich, ohnmächtig, vernichtet« und vieles Negative mehr.

 Was wir für Tatsache halten, ist oft ein Gefühl: Vier Beispiele

EVELYN KÄMPFT UM ANERKENNUNG

Evelyn ist wütend auf ihren Lehrer, weil er ihr die versprochene Einschätzung ihrer Fortschritte nicht so schnell gibt, wie sie sich das erhofft hat. Sie fragt sich, was das eigentlich für ein Lehrer ist, der sie so hängen lässt, und rebelliert gemeinsam mit anderen gegen ihn.

Ihre Freundin fragt sie, was sie denn so wütend mache.

»Er sieht mich nicht«, sagt Evelyn und bricht in Tränen aus. »Er sieht mich überhaupt nicht. Er macht sich nicht die Mühe, mich wahrzunehmen.«

Als Kind hat Evelyn um die Aufmerksamkeit ihrer Eltern kämpfen müssen und sie allzu oft nicht erhalten. Für ein Kind, das von seinen Eltern abhängig ist, um überhaupt in der Welt existieren zu können, ist es lebenswichtig, von seinen Eltern wahrgenommen zu werden. Deswegen ist es vollkommen normal, dass Evelyn unter dem Mangel an Aufmerksamkeit gelitten und sich dagegen gewehrt hat. In ihr ist aus Kindertagen die Überzeugung zurückgeblieben:»Ich werde nicht gesehen«, und damit zusammenhängend: »Ich muss darum kämpfen, gesehen zu werden, das ist für mich überlebenswichtig.« Aber diese

Überzeugungen sind ihr nicht bewusst, da sie von ihr unerkannt als Grundannahmen ihrem Denken zu Grunde liegen. Sie verwechselt ihren Lehrer mit ihrem Vater, daher hält sie es für lebenswichtig, dass er sie sieht. Aufgrund ihrer Grundüberzeugung ist es für sie außerdem selbstverständlich, dass er sie doch nicht sieht.

Erst als ihr dies klar wird, kann sie wahrnehmen, dass »nicht gesehen werden« ein Gedanke und ein Gefühl ist. Das ermöglicht ihr, ihr Herz für diesen Schmerz aus Kindertagen zu öffnen. Danach rücken die Dinge sich zurecht.

Sie fragt ihren Lehrer nach seiner Einschätzung ihrer Arbeit, und er sagt, dass er sich einige Gedanken darüber gemacht habe, die Sache jedoch nicht oberflächlich, sondern mit aller gebotenen Sorgfalt prüfen möchte und dafür noch einige Tage Zeit brauche. Evelyn, die ihren Lehrer bisher gar nicht wahrgenommen, sondern ihren Vater in ihm gesehen hat, erkennt ihn nun zum ersten Mal als den Menschen, der er ist. Seine Einschätzung ist für sie immer noch wichtig, da er ihr Lehrer ist, sie ihn als kompetent einstuft und er zudem auch Einfluss auf ihr Vorankommen hat, aber die Sache löst keine großen Emotionen mehr in ihr aus.

Aus Freunden werden Feinde

Joachim und Hedi sind in den sonnigen Süden ausgewandert und haben ein altes Haus zum Seminarhaus umgemodelt. Nun ist ihr Geld ausgegeben, und der Seminarbetrieb läuft noch nicht so gut. Sie brauchen Geld. Von Handwerkern und Unternehmern sind sie, jedenfalls ihrer Meinung nach, einige Male hereingelegt worden. Überhaupt hat Joachim ein »Thema« mit Betrug, aber das ist ihm nicht bewusst. Betrogen und ausgenutzt zu sein, ist eine seiner alten seelischen Wunden, die er verdrängt hat, weshalb alles, was mit Betrug oder Ausbeutung zu tun hat oder danach aussieht, für ihn ein rotes Tuch ist.

Hedi ihrerseits hat viel Arbeit und Nerven in das Projekt investiert und leidet darunter, dafür ausreichend nicht gesehen und anerkannt zu werden – eines ihrer Grundprobleme aus Kindertagen.

Sie bekommen Besuch von Anton und Anja, die gerade auf der Suche nach einer neuen Wohnung in ihrem Campingbus unterwegs sind, und laden sie ein, einige Tage auf ihrem Grundstück zu stehen und Strom und Wasser zu nutzen. Joachim und Hedi betonen, dies geschehe aus reiner Freundschaft und Hilfsbereitschaft. Sie hätten einfach Mitleid mit der schwierigen Lage ihrer heimatlosen Bekannten. Geld wollen sie nicht dafür haben, höchstens, sagen sie, am Schluss »eine kleine Spende«. Anton ist gerührt über so viel Hilfsbereitschaft.

Als er und Anja nach zwei Wochen abreisen, hinterlassen sie einen Betrag, den sie als kleine Spende für angemessen halten. Weniger als sie normalerweise auf einem Campingplatz zahlen würden, denn Hedi und Joachim wollten ja kein Geld. Anton und Anja erwogen erst, mehr zu geben, weil sie dankbar für die Einladung sind. Anton hatte aber Angst, die Beiden zu beleidigen, wenn sie sie für ihre Gastfreundschaft regelrecht ausbezahlten.

Hedi und Joachim aber sind entsetzt. Sie haben einen Betrag erwartet, der zahlenden Gästen entsprochen hätte, beziehungsweise haben sie sich insgeheim mehr erhofft, weil sie Geld für ihren Betrieb brauchen. Sie sind verärgert und verletzt. Im Innersten fühlt Joachim sich betrogen und ausgenutzt. Er weiß nicht, dass das seine Gefühle sind, er hält sie für eine Tatsache. Und Hedi ist verletzt, weil sie den Eindruck hat, dass der Wert ihres Projektes (für den sich beide eine Spende erhofft hatten) nicht gewürdigt wird. Unbewusst identifiziert sie sich damit und fühlt sich wieder einmal nicht gesehen.

Anton und Anja sind ebenfalls verärgert und verletzt. Anton, der dasselbe Thema hat wie Joachim, fühlt sich betrogen. Er ist sehr schockiert, denn die anfänglich demonstrierte selbstlose Hilfsbereitschaft seiner Gastgeber hatte ihn tief berührt. Er war so dankbar, endlich jemanden zu treffen, der nicht auf Betrug und Ausbeutung aus war! Der kein Kapital aus seiner Notlage schlagen wollte! Und jetzt stellt sich heraus, dass dieser Jemand nur Geld an ihm verdienen wollte, so, wie alle anderen eben auch.

Und Anja … Anja ist die ganze Zeit über schon ein wenig gekränkt, sagte aber nichts, weil Anton so begeistert von seinen Gastgebern war. Es hat sie nämlich bereits verletzt, dass die Gastgeber ihnen einen Platz an der Straße zugewiesen haben, und ihnen durch zahlreiche kleine Zeichen der Missachtung zu verstehen gaben, weniger Respekt zu genießen als zahlende Gäste. Beispielsweise wurde die Dusche und die Toilette, die sie benutzen durften, nicht für sie geputzt. Nach dem Streit wegen des Geldes ist sie empört: Wieso sollen sie so viel Geld bezahlen für einen Platz, an dem sie weniger Rechte, weniger Respekt und weniger Sauberkeit genießen als offiziell auf einem Campingplatz?

Nicht geachtet zu werden, ist Anjas tiefe Wunde.

So erlebt jeder der vier die kurze gemeinsame Geschichte aus der Perspektive seiner tiefsten Verletzung, die er unbemerkt mit einer Tatsache verwechselt und auf das aktuelle Geschehen projizierte.

Hedi und Joachim machen sich nicht genug bewusst, dass sie sich Geld wünschten. Diesen Wunsch haben sie vor sich selber und vor ihren Bekannten verschleiert.

Das Verrückteste an dieser Geschichte ist, dass Anton und Anja von dem Seminarhaus ursprünglich so begeistert waren, dass sie sich vornahmen, eine Freundin dafür zu erwärmen, die gerade eine halbe Million geerbt und nach einer Investitionsmöglichkeit in ein Seminarhaus gesucht hat. Hedi und Joachim sind also ganz dicht an der Erfüllung ihres Wunsches gewesen. Wenn nicht, ja wenn nicht die verflixten Gefühle wären, die unsere vier Freunde mit Tatsachen verwechseln.

So gehen sie als Feinde auseinander, und aus der halben Million wird nichts.

JULIAN DENKT,
DASS NIE ETWAS AUS IHM WIRD

Julian ist talentiert, intelligent, kreativ und liebenswert, und er hat einige Ausbildungen, sogar ein Studium erfolgreich absolviert. Dennoch sieht er sich gezwungen, sich mit einem Job zu begnügen, der schlecht bezahlt wird, über alle Maßen Stress erzeugt, und in dem er sich zudem unterfordert fühlt.

Neben anderen inneren Beweggründen ist Julian damit beschäftigt, den Satz seines Vaters »aus dir wird nie etwas« zu verwirklichen. Als Kind hat er diesen Satz einfach geglaubt. Unbewusst hält er daher für Tatsache, dass aus ihm nie etwas wird. Was immer er beruflich bisher unternommen hat, geschah aus dieser Grundüberzeugung heraus.

Eines Tages wird ihm diese bewusst, und ihm wird klar, dass es sich dabei um einen Gedanken handelt, den nicht er sich, sondern sein Vater ihm eingeredet hat. Nun versteht er, warum er immer unter einem Gefühl von Aussichtslosigkeit litt, das er unbewusst für eine Tatsache hielt, anstatt es als das Gefühl zu erkennen, das aus der Überzeugung »Aus mir wird nie etwas« resultierte. Nach dieser Entdeckung fühlt sich Julian wie aus einer lebenslangen Hypnose erwacht, und sein Blick öffnet sich für neue Möglichkeiten.

LENA IST DICK

Lena hat einen dicken, runden Körper, die ärztliche Diagnose heißt »Übergewicht«, die eigene Diagnose: »fett«. Sie leidet darunter enorm und schafft es trotz aller Diäten nicht, abzunehmen. Ihr Mann ist schlank. Dass er sie liebt, wie sie ist, steht außer Frage. Trotzdem empfindet sie eine arglose Bemerkung von ihm zu ihrer Figur als demütigend. Sie verschließt sich, reagiert wütend und verletzt. Bis sie entdeckt, dass Demütigung nicht unbedingt einer Tatsache entspricht, sondern ihrer Art, den Satz ihres Mannes zu interpretieren. Aus dieser Interpretation resultiert ein Gefühl.

Ein Gefühl, das sehr weh tut: ein Schmerz. Der Schmerz der Demütigung. Bisher hielt sie es für eine Tatsache, dick zu sein, sei demütigend. Mit dieser Demütigung hat sie sich identifiziert: Ich = gedemütigt.

Nachdem sie dies erkannt und ihr Herz für den Schmerz geöffnet hat, wird ihr klar, dass sie all dies in ihrem Geist verknüpft hatte. Jetzt kann sie die Tatsache (rundliche Figur) von dem Gefühl (der Demütigung) unterscheiden. Außerdem bemerkt sie, dass das Dicksein selber auch mit einem Gefühl verbunden ist, dem Gefühl von Gewicht im übertragenen Sinne: sich zu fühlen wie jemand, dessen Meinung Gewicht hat, der gewichtig ist.

Dieses Gefühl hat sie bisher in sich nicht wahrgenommen, sogar unterdrückt, weil sie es sich verboten hat. Sie öffnet ihr Herz für dieses Gefühl, wofür es Erlaubnis, Anerkennung, Respekt und Raum braucht. Im selben Moment erkennt sie intuitiv, dass ihr Körper dieses Gefühl nun, da sie es bewusst wahrnimmt und ihm einen Platz in ihrem Herzen zuweist, nicht mehr zu tragen braucht. Und tatsächlich nimmt sie in den darauf folgenden Wochen ab.

 Zu entdecken, dass es nur ein Gefühl ist, befreit dich

Zu entdecken, dass das, was mir zu schaffen macht, in Wirklichkeit keine Tatsache, sondern ein Gefühl ist, ist eine enorme Befreiung. Gegen eine Tatsache – und noch dazu eine, die mein Wesen beschreibt, die etwas darüber aussagt, wie ich bin – kann ich vielleicht nichts tun. Ein Gefühl jedoch ist nur ein Gefühl. Ich brauche es nur als solches zu erkennen und zu fühlen, und damit ist es gut.

Wir neigen immer dazu, Gefühle für festgeschriebene, bleibende innere Tatsachen zu halten und machen daher um manche Gefühle einen großen Bogen. Ein Gefühl ist jedoch einfach eine Art, sich zu fühlen, in einem bestimmten Augenblick, aufgrund eines bestimmten Gedankens, und mehr auch nicht. Es weicht sofort einem nächsten Gefühl. Gefühle sind flüchtig wie Wasser oder Wetter. Nur wenn wir sie nicht fühlen, verewigen wir sie. Wenn Gefühle von Demütigung oder Verlustschmerz in mir zwar ausgelöst, jedoch nie von mir wahrgenommen wurden, dann bleibt »Demütigung« oder »Verlust« ein schreckliches schwarzes unbekanntes Phantom in meinem Innern wie das Ungeheuer von Loch Ness.

Erst wenn ich dieses Gefühl entdeckt und ihm mein Herz geöffnet habe, bin ich in der Lage zu erkennen, dass es »nur« ein Gefühl ist und keine Tatsache. Dafür muss ich es allerdings wirklich spüren und nicht nur gedanklich zur Kenntnis nehmen.

Hinter jedem schrecklichen Gefühl verbirgt sich ein schönes

Mit jedem seelischen Schmerz ist die Sehnsucht nach seinem Gegenteil verbunden. Wenn ich darunter leide, mich ungeliebt zu fühlen, dann sehne ich mich nach Liebe – in der passiven Form. Ich möchte geliebt werden. Wenn ich unter Ungerechtigkeit leide, sehne ich mich nach Gerechtigkeit usw. Auch diese ersehnten Gefühle, z. B. Liebe oder Gerechtigkeit sind bereits in uns, nur wissen wir das nicht. Oder vielmehr wissen wir nicht, dass es sich überhaupt um Gefühle handelt. Wie den Schmerz verwechseln wir ebenso sein positives Gegenteil mit einer Tatsache.

Die Sehnsucht hilft uns, das Ersehnte als Gefühl zu entdecken. Indem ich die Sehnsucht – die auch ein Gefühl ist! –, bewusst wahrnehme, nehme ich automatisch auch das wahr, wonach ich mich sehne. Ich brauche nur hinzusehen und hinzufühlen. Über den Schmerz der Ablehnung (ein Gefühl) beispielsweise, gelange ich zur Sehnsucht nach Annahme (auch ein Gefühl). Wenn ich mich auf diese Sehnsucht konzentriere, entdecke ich, wie es sein könnte, angenommen zu sein (sie malt es mir ja aus), und wenn ich mich darauf konzentriere, wie sich das anfühlt, erfahre ich Angenommensein als Gefühl.

Solange ich mit dem Schmerz identifiziert bin, also zum Beispiel »abgelehnt« für etwas halte, das ich bin, anstatt zu erkennen, dass es etwas ist, das ich fühle, sehne ich mich natürlich nach dem Gegenteil, in dem Fall nach Annahme. Habe ich jedoch erkannt, dass der Schmerz ein Gefühl ist (was voraussetzt, ihn bewusst zu fühlen), so muss ich mich nicht mehr nach dem Gegenteil sehnen. Ich habe ja erkannt, dass ich nicht abgelehnt bin, und muss mich daher nicht mehr so sehr nach Annahme sehnen. Es ist nicht mehr relevant, denn ich bin sozusagen darüber hinausgewachsen. An dieser Stelle sehne ich mich nach etwas anderem, nach etwas, das Schmerz und dessen Gegenteil transzendiert. Wenn ich dieser Sehnsucht im Geist folge, entdecke ich wiederum, dass dieses »andere« ein Gefühl ist, das wie ein Schatz unter dem Problem verborgen lag. Und darauf wartete, entdeckt zu werden und vor allem gelebt und verwirklicht zu werden.

Wenn du im Praxisteil dieses Buches zur Tat schreitest und deinem aktuellen Lebensthema auf den Grund gehst, wirst du Gelegenheit haben, diesen Schatz zu heben.

Bewusste Wahrnehmung ist eine aktive Kraft

Wahrnehmung ist nicht nur eine passive Handlung, sondern hat auch etwas Aktives. Wahrnehmung wirkt. Wahrnehmung verändert.

Bewusste Wahrnehmung wirkt Wunder.

Dieser Gedanke, wenngleich bereits aus naturwissenschaftlichen Experimenten bekannt[2], ist zunächst einmal ungewohnt. Wie kann schlichtes Wahrnehmen etwas verändern? Normalerweise denken wir anders: Wenn ich etwas verändern möchte, muss ich etwas tun: Ich muss arbeiten, kämpfen, muss womöglich mich selber ändern.

Selbst ich, die ich diesen Weg des schlichten Wahrnehmens schon lange gehe, erwische mich immer wieder dabei. »Das muss anders sein. Ich muss etwas tun, damit es anders wird.« Dann fällt mir ein: »Halt, stopp. Erst mal hinsetzen und wahrnehmen.« Ich schließe die Augen und vergegenwärtige mir die Situation, und nehme alles wahr, was in mir vorgeht: die Art, wie ich die Situation interpretiere. Meine Gedanken. Die Gefühle, mit denen ich auf sie reagiere. Das, was eigentlich für mich an der Situation so schlimm ist, mir wehtut. Und ich erkenne auch meinen Schmerz. Die Sehnsucht, die damit verbunden ist. Das gute Gefühl, nach dem ich mich eigentlich sehne. Und indem ich wahrnehme und noch genauer hinschaue, geschieht es: Die Änderung. Die Lösung. Die Heilung. Die Verwandlung.

Dieses Wahrnehmen will allerdings gelernt sein, denn wir sind nicht daran gewöhnt. Normalerweise nehmen wir nicht bewusst wahr, welche Gedanken und Gefühle uns treiben, sondern wir identifizieren uns mit ihnen und handeln aus dieser Identifikation heraus unbewusst. Wir folgen einer Automatik, die sich während unserer Kindheit herangebildet hat oder die wir teilweise auch von unseren Vorfahren übernommen haben.

Der wunderbare Weg der Wahrnehmung:
Adam und Eva in der Kneipe

Was es bedeutet, unbewusst-automatisch zu handeln, und wie man auf der anderen Seite mit nichts als bewusster Wahrnehmung den Lauf der Dinge verändern kann, illustriert die folgende Geschichte:

Adam und Eva gehen zusammen in ihr Stammlokal. Gleich beim Eintreten wird Adam von einigen seiner alten Bekannten an die Theke gewunken. Er gesellt sich zu ihnen, während Eva sich zu ihren Freunden an einen Tisch setzt. Eva fühlt sich zwar ganz wohl in dieser Runde, ist aber nicht froh über die Trennung. Eigentlich wollten Adam und sie den Abend gemeinsam verbringen. Aus dem Augenwinkel bemerkt sie, wie Adam sich das dritte Glas Bier und »eine Runde für alle« bestellt. Etwas in ihr sackt zusammen. »Nicht schon wieder«, denkt sie. Vor ihrem inneren Auge läuft ein Film ab: Adam, der betrunken und mit blutunterlaufenen Augen torkelnd ins Auto fällt. Adam hat seinerseits nicht die Absicht, sich zu betrinken. Er freut sich, schnell mit seinen Kumpels ein Gläschen trinken zu können, aber er weiß auch, dass heute ein Pärchenabend mit Eva auf dem Programm steht. Als er sein drittes Bier bestellt, sein letztes, sieht er zu Eva hinüber und bemerkt, wie sich auf Evas Miene die ihm altbekannte Säuernis auszubreiten beginnt. Vor seinem inneren Auge läuft ein Film ab: Eva, die ihn ausschimpft, bitterböse, verächtlich, sarkastisch, und dabei das Gesicht seiner Mutter hat, aber das fällt ihm nicht auf. Sie geht ihm auf die Nerven. Sie macht ihn wütend. Adam wollte eigentlich nicht trinken, aber aus Trotz trinkt er dann doch einen mehr. Genau dieses eine mehr lässt ihn dann die Bewusstheit verlieren und in die »Noch-eins-bitte«-Automatik verfallen, bis er schließlich sturzbesoffen auf den Beifahrersitz ihres gemeinsamen Autos fällt. Eva möchte ihn anschreien, möchte ihn daran erinnern, dass er ihr versprochen hat, damit aufzuhören. Sie möchte ihm noch so viel mehr sagen, und auch gerne seine Antworten hören, aber sie weiß, es hat keinen Zweck, mit einem Betrunkenen zu reden, genauso könnte sie mit einer Wand sprechen. Aber wohin mit ihrer Wut? So springt sie ins Auto, gibt Vollgas und rast los, und es ist nur ihrem Schutzengel zu verdanken, dass sie heil zu-hause ankommen.

In Adam wie in Eva finden während dieses verpatzten Abends eine ganze Reihe von Gedanken und von emotio-nalen Reaktionen auf diese Gedanken statt. Aber keiner von beiden nimmt diese inneren Vorgänge wahr. Beide sind zu stark mit ihren Gedanken und Gefühlen identifi-ziert und lassen sich von ihnen treiben. Daher wiederholt sich dieses Drama in ähnlicher Form immer wieder.

Nehmen wir an, Adam entdeckt den Weg des Wahrneh-mens. Obwohl ja heutzutage meistens Frauen diesen zu-erst entdecken. Also nehmen wir an, Eva entdeckt ihn zu-nächst: Wie liefe die Geschichte ab? Vielleicht so?

ADAM UND EVA IN DER KNEIPE, VERSION 2/FASSUNG 1 – IN WELCHER EVA DIE TECHNIK DER BEWUSSTEN WAHR-NEHMUNG EINSCHALTET UND ALLES SO LÄUFT, ALS SEI WAHRNEHMUNG NUR EINE PASSIVE ANGELEGENHEIT.

Adam und Eva gehen also in ihre Stammkneipe. Als Adam an der Theke hängen bleibt, merkt Eva, dass in ihr der Wunsch auf-taucht, ihn am Arm zu nehmen und ihn daran zu erinnern, dass sie den Abend eigentlich zu zweit an einem Tisch verbringen wollten. Sie nimmt wahr, dass dieser Wunsch sogleich von zwei Stimmen verdrängt wird. Die eine sagt: »Vergiss es, es hat keinen Zweck, wenn er erst mal an der Theke hängt, kriegst du ihn da nicht mehr los.« »Lauf ihm nicht nach«, sagt die andere, »bewahre deine Würde, beweise deine Unabhängigkeit. Was er kann, kannst du auch.« Eva nimmt wahr, dass diese beiden Stimmen stärker sind als die Stimme ihrer Sehnsucht nach Gemeinsamkeit. Sie registriert: Stimme zwei ist am lautesten, die nach dem trotzigen Beweis ihrer Unabhängigkeit ruft. Sie merkt, dass sie dabei ist, ihr zu folgen, indem sie sich mit demonstrativer Fröhlichkeit zu einer Gruppe von Bekannten gesellt. Sie nimmt wahr, dass sie sich gezwungen fühlt, sich doch zur Theke umzuschauen. Sie spürt, dass ein Teil von ihr das überhaupt nicht will, der jedoch gegen den, der unbedingt wissen will, was da los ist, keine Chance hat. Sie dreht sich also nicht um, aber sie schaut aus dem Augenwinkel und sieht, wie Adam bestellt und trinkt und wieder bestellt ... Sie spürt, wie ihr Körper zusammensackt, ihre Schultern nach vorne sinken, ihre Mundwinkel sich herunterziehen. Sie verspürt Resignation, die schließlich in Bitterkeit übergeht. Sie nimmt wahr, wie ein Film vor ihrem geistigen Auge abläuft, der etwas in die Zukunft projiziert, das sie in der Vergangenheit ein paarmal erlebt hat: Adam, besoffen ...

Wenn Wahrnehmung nichts weiter bedeutete als ohnmächtig zu beobachten, was gerade abläuft, könnte die Geschichte enden wie in Version 1 ...

... aber so ist es nicht. Bewusste Wahrnehmung ist nicht zu trennen von dem, was wahrgenommen wird. Wahrzunehmen ändert etwas und ist eine aktive Handlung. Es macht einen Unterschied, ob wir bewusst wahrnehmen oder nicht.

Deshalb ändert sich die Geschichte von dem Moment an, da einer von beiden anfängt, bewusst wahrzunehmen.

In unserem Beispiel zunächst einmal Eva. Also beginnen wir noch mal von vorn:

ADAM UND EVA IN DER KNEIPE, VERSION 2/FASSUNG 2 –
IN WELCHER EVA DIE TECHNIK DER BEWUSSTEN WAHR-
NEHMUNG EINSCHALTET, UND WIR BEOBACHTEN, WIE DIE
GANZE GESCHICHTE DADURCH ZU EINEM HAPPY END
FÜHRT.

Adam und Eva beschließen, einen gemeinsamen Abend in ihrer Stammkneipe zu verbringen. Gleich als sie eintreten, entdeckt Adam Freunde an der Theke und begibt sich zu ihnen, anstatt, wie von Eva erwartet, mit ihr gemeinsam in die Tiefen des Lokals vorzudringen und sich einen Tisch zu suchen. Eva merkt, dass ihr das etwas ausmacht. Sie spürt, dass sich in ihr der Wunsch erhebt, Adam anzusprechen und ihn zu bitten, sich mit ihr an einen Tisch zu setzen. Sie schenkt diesem Wunsch im Stillen ein wenig Aufmerksamkeit und verweilt bei ihm, anstatt zuzulassen, dass er sofort von anderen Gefühlen verdrängt wird. Dieses kurze Verweilen versetzt sie in die Lage, Adam beiseite zu nehmen und zu flüstern: »Ich fände es so schön, wenn wir den Abend gemeinsam verbringen würden. Bitte bleib heute nicht hier hängen, sondern lass uns einen Tisch suchen.«

Wer bereits mit Leuten zu tun hatte, die gewohnheitsmäßig einen über den Durst trinken, wird nun geneigt sein zu erwarten, dass Adam diesen Vorschlag eher lästig finden und darauf beharren wird, erst mal mit seinen Kumpels etwas zu trinken und sich ihr später anzuschließen, wobei dieses »später« nie eingetreten wäre. Infolgedessen würde der Abend so enden wie in Version 1 und Version 2/Fassung 1 erzählt.

Aber unser Adam reagiert anders.

Etwas in Adam horcht auf, als Eva ihn anspricht und damit ein für ihn neuartiges Verhalten an den Tag legt. Bislang überließ sie ihn nämlich in solchen Situationen immer seinem Theken-schicksal und verfiel in Resignation und Bitterkeit. Sie erwartete gar nichts anderes von ihm, als dass er sich betrinken würde. Da sie nun anders reagiert, verändert sich die Lage. Adam fühlt sich erleichtert, dass Eva ihn direkt anspricht und von der Theke wegholt. Er hatte ja tatsächlich nicht vorgehabt, den Abend in der Männerrunde zu verbringen und sich zu betrinken, sondern er wollte ihn mit ihr verbringen. Er wusste nur nicht recht, wie er sich gegen die Einladungen der Kumpels und die Thekenrun-den-Rituale wehren sollte. Dass Eva ihn zu seiner Überraschung nicht an der Theke stehen lässt, sondern einlädt, den Abend doch gemeinsam mit ihr zu verbringen, empfindet er als Zeichen der Wertschätzung. Er trinkt sein Bier aus, winkt seinen Kumpels freundlich zu und sucht sich mit Eva einen Tisch.

Gehen wir noch einmal zurück zu der Stelle, wo Eva ihre Bewusstheit einschaltet. Es ist der Augenblick, als sie bemerkt, dass sie den Wunsch hat, Adam in die Zweisamkeit zurückzuholen. An dieser Stelle kann Eva noch differenzierter wahrnehmen, was sie sich eigentlich wünscht, kann selbst diesen Wunsch hinterfragen. Besteht ihr Wunsch wirklich in »den Abend gemeinsam mit Adam an einem Tisch zu verbringen«? Immerhin könnten sie ja den ganzen Abend an diesem Tisch streiten. Eva kann sich fragen, wonach sie sich wirklich sehnt.

Eva hinterfragt also ihre Sehnsucht und entdeckt, dass hinter ihrem Wunsch die Sehnsucht nach Geborgenheit steckt, der Ge-borgenheit eines Abends in trauter Zweisamkeit. Dabei entdeckt sie in ihrem Innern eine große Angst, diese Geborgenheit zu ver-lieren. Ihr wird klar, dass ihr Wunsch, Adam von der Theke weg-

zuholen und mit ihm allein zu sein, dieser Sehnsucht und dieser Angst entsprang. Nachdem ihr all dies bewusst wird, erkennt sie plötzlich, dass die Geborgenheit keineswegs enden würde, sobald Adam einmal eigene Wege ginge. Im Gegenteil, wenn Eva dieses Geborgenheitsgefühl trotzdem nicht aus ihrem Herzen verstieße, dann verbliebe es dort, ganz gleich, was Adam auch täte. Eva bemerkt, wie bei dieser Erkenntnis das Gefühl von Liebe in ihrem Herzen auftaucht, und nimmt es ebenfalls bewusst wahr.

Adam spürt unterschwellig die Liebe, die von Eva ausgeht, eine Liebe, die nichts von ihm fordert oder wegnehmen will, sondern sich auf ihn, wie er ist, bezieht.

Und dies kann einen Erdrutsch in ihm auslösen, denn es ist für ihn eine neue Erfahrung. Weder von seiner Mutter, mit der er Eva unbewusst verwechselt, noch von Eva ist ihm jemals diese Wolke echter Liebe entgegengeschwebt, und vielleicht öffnet sich, berührt von dieser Liebe, sein eigenes Herz, was vielfältige Veränderungen auslösen kann.

Vielleicht begibt er sich ganz einfach zu ihr an den kleinen Tisch und verbringt einen bezaubernden Abend mit ihr, gefolgt von einer überwältigenden Liebesnacht.

Vielleicht bemerkt er auf einmal all die Wut und die Traurigkeit, die in ihm sind und die ihn Zuflucht in der tröstenden und irrealen Welt der Bierrunde nehmen lassen. Vielleicht teilt er Eva diese Gefühle mit, und sie versteht ihn und er fühlt sich verstanden und siehe Happy End oben …

… oder er behält seine Gefühle für sich und nimmt sich vor, ihnen im Stillen auf den Grund zu gehen. Er geht in sich und taucht als neuer Mensch aus seiner Versenkung wieder auf …

… oder unser Adam, erschreckt von den neuartigen Gefühlen, stürzt sich kopfüber ins Bierglas, wird jedoch in der Nacht von Träumen geweckt, die ihm den Ursprung seiner Wut und seiner Traurigkeit ins Bewusstsein bringen, woraufhin er beschließt, aufzuhören, seine Gefühle im Bier zu ersäufen und anzufangen, sich um sie zu kümmern. Wodurch er nun ebenfalls auf dem Weg der bewussten Wahrnehmung gelandet ist.

Wie du siehst, gibt es Möglichkeiten über Möglichkeiten. Jedes Mal, wenn wir die Technik der bewussten Wahrnehmung einschalten, ändert sich etwas am Ablauf der Geschichte.

ADAM UND EVA IN DER KNEIPE, VERSION 3/FASSUNG 1 – IN WELCHER ADAM NUN DIE TECHNIK DER BEWUSSTEN WAHRNEHMUNG EINSCHALTET UND DEN VERLAUF DER GESCHICHTE ÄNDERT.

Vielleicht wiederholt sich die Geschichte ... ganz sicher wiederholt sie sich erst einmal.

Adam und Eva beschließen, einen Abend gemeinsam in ihrem Stammlokal zu verbringen. Beim Betreten desselben wird Adam von einer fröhlichen Runde alter Bekannter an die Theke gewunken. Er folgt der Einladung, schenkt Eva nur ein vages Winken und gesellt sich zu der Männerrunde. Er bestellt sein erstes Bier und gleich darauf ein zweites. Hier erinnert er sich, dass er ja die bewusste Wahrnehmung üben wollte. Adam nimmt also wahr: Den Geschmack des Bieres, den Genuss, den er ihm bereitet; die Eile, mit der er, als dieses noch gar nicht ausgetrunken ist, das nächste bestellen will ... Stopp, sagt Adam zu sich selber. Was geht da vor? Er merkt eine leise Angst in seinem Innern aufsteigen. Ein Teil von ihm hat Angst, mit dem Trinken aufhören zu müssen, und deshalb große Eile, schnell noch das nächste Bier zu bestellen. Adam nimmt diese Angst zum ersten

Mal wahr. Er fühlt sie bewusst, verweilt bei ihr, gibt ihr Raum und Aufmerksamkeit. Adam fragt sich, wieso diese Angst da ist. Wer könnte ihm denn verbieten, das nächste Bier zu trinken? Eva? Stimmt. Vordergründig Eva. Dahinter aber ahnt Adam seine Mutter. Außerdem gibt es da noch einen Teil in ihm, einen vernünftigen, nüchternen und ziemlich strengen Teil: der ist es, der dem anderen Persönlichkeitsteil, der mit dem Biertrinken- wollen identifiziert ist, verbieten könnte, weiter zu trinken. Als Adam sich seiner Angst bewusst wird, und sie versteht, bemerkt er, sich nun so sicher zu fühlen, dass er nicht sofort das nächste Bier bestellen muss. Er trinkt sein Glas erst aus, wartet eine Weile, und hat keine Eile mehr. So kommt es, dass er am Ende nicht 14 Gläser Bier getrunken hat, sondern nur 4 und immer noch nüchtern ist, als er sich zu Eva und ihren Bekannten ge- sellt.

Adams bewusste Wahrnehmung kann sich übrigens noch früher einschalten und noch umfassender sein:

ADAM UND EVA IN DER KNEIPE, VERSION 3/FASSUNG 2 – IN WELCHER ADAM SCHON GLEICH AM ANFANG DIE TECHNIK DER BEWUSSTEN WAHRNEHMUNG EINSCHALTET UND EINE ERSTAUNLICHE ENTDECKUNG MACHT, DIE IHRE BEZIEHUNG VERÄNDERT.

Adam und Eva betreten ihr Stammlokal. Sie hatten beschlossen, den Abend gemeinsam zu verbringen, und »gemeinsam« bedeu- tete traditionell nicht an der Theke, sondern an einem Zweier- tisch im Tête-à-Tête. Adam sieht, wie einige seiner alten The- kenkumpels ihn zu sich heranwinken. Er spürt eine Sehnsucht in sich auftauchen, sich zu ihnen zu gesellen. Er verweilt inner- lich einen Augenblick bei dieser Sehnsucht und fragt sich, worauf sie sich eigentlich bezieht. Wonach sehnt er sich eigentlich?

Danach, in der freundschaftlichen Unverbindlichkeit der Männerrunde bei einigen Gläsern Bier alle Probleme und Schwierigkeiten zu vergessen und sich in der entrückten Bierwelt fern der realen Welt aufgehoben zu fühlen. Also eine Sehnsucht nach Geborgenheit, stellt Adam mit Erstaunen fest. Das ist ihm bisher nicht klar gewesen.

Nachdem er diese Sehnsucht bewusst wahrgenommen hat, wird ihm klar, dass ihm diese Geborgenheit nicht verloren geht, wenn er sich entscheidet, den Abend eben im trauten Tête-à-Tête mit Eva zu verbringen. Indem er die Sehnsucht nach Geborgenheit jetzt in seinem Herzen fühlen kann, entsteht ihn ihm ein Gefühl von Geborgenheit und begleitet ihn den ganzen Abend über. Er fühlt sich geborgen in der Runde seiner Thekenfreunde, auch wenn er heute Abend nicht bei ihnen steht; und er fühlt sich gleichzeitig geborgen in der Zweisamkeit mit Eva. Adam merkt, dass Geborgenheit eigentlich ein innerer Zustand, ein Gefühl ist, das ihm gehört und nicht wirklich von anderen Menschen oder äußeren Konstellationen abhängt. Er muss es nur fühlen.

Eva, ihrerseits, fühlt unbewusst die Geborgenheit aus Adams Herzen heraus strahlen, aber es fühlt sich anders an als sonst. Sie kann sich nicht wie gewohnt gleichsam einer (Sehn-)Süchtigen in die Geborgenheit hineinstürzen und darin versinken. Etwas an seiner Ausstrahlung flößt ihr heute Respekt ein, und irgendwie nimmt sie Adam zum ersten Mal als ihn selbst wahr, als Adam, und nicht als Quelle von Geborgenheit und Liebe. Es verunsichert sie ein wenig, ihn so in sich selber ruhend zu erleben. Auf eine seltsam ungewohnte Weise wirft dieser Eindruck sie auf sich zurück. Zugleich empfindet sie es als elektrisierend und aufregend, einen neuen Adam wahrzunehmen, und betrachtet ihn mit neuem Interesse.

Hier gibt es nun mehr Möglichkeiten, wie die Story weitergehen könnte, denn je nachdem, wer von beiden an welcher Stelle sich welchen Gefühls bewusst wird, nimmt die Geschichte eine neue Wendung – mehr Wendungen, als ich aufzählen kann.

Ist dir übrigens etwas aufgefallen? Sowohl Adam als auch Eva waren in ihrem Verhalten, das sie immer wieder miteinander in Konflikt gebracht hatte, von der gleichen Sehnsucht getrieben: der Sehnsucht nach Geborgenheit. Das ist oft so bei Menschen, die miteinander im Konflikt liegen. Tief am Grunde ihres Herzens fühlen sie dasselbe.

Jedes Mal, wenn wir unsere bewusste Wahrnehmung einschalten, öffnet sich vor uns eine Tür für das Neue, Unerwartete. Solange wir nicht bewusst wahrnehmen, reproduzieren wir einfach automatisch immer wieder das Gewohnte, unser »emotionales Reaktionsmuster«. Nehmen wir jedoch eine Emotion bewusst wahr, stoppen wir die Automatik, erwachen aus der Hypnose dieser Emotion und erkennen neue Möglichkeiten, die Situation wahrzunehmen und zu handeln.

Da wir dieses bewusste Wahrnehmen nicht gelernt haben, müssen wir es erst erlernen und üben, bis es sich von selber einstellt.

Lernen wir also wahrzunehmen!

EINE ERSTE ZUSAMMENFASSUNG

❧ Das, wonach wir uns sehnen, ist nicht das Objekt unserer Sehnsucht, sondern das Gefühl, das wir uns davon
zu erhalten versprechen. Dieses Gefühl ist jetzt schon
in uns vorhanden. Wir müssen es nur entdecken und
bewusst fühlen. Da wir uns dann bereits wie nach Eintreten des Wunsches fühlen, werden wir das ursprünglich Gewünschte nicht mehr brauchen. Und in dem
Maße, wie dieses Gefühl unsere innere Realität durchdringt, wird es unsere äußere verändern.

❧ Aber nicht nur hinter unseren Wünschen, auch hinter
unseren Problemen steckt letztendlich ein Gefühl: ein
schmerzliches. Auch dieses wird unterschwellig mit einer Tatsache verwechselt, und daher bekämpfen oder
fürchten wir es. Wenn wir jedoch erkannt haben, dass
es ein Gefühl und keine Tatsache ist, brauchen wir es
weder zu bekämpfen noch zu fürchten. Wir können es
einfach als das wahrnehmen, was es ist – ein Gefühl.
Allerdings bedeutet »wahrnehmen« bei einem Gefühl
mehr, als es nur oberflächlich zur Kenntnis zu nehmen.
Ein Gefühl nimmt man nicht mit dem Verstand wahr,
sondern mit dem Herzen, das heißt, wir müssen es fühlen. Aber eben bewusst, indem wir uns klarmachen,
dass es ein Gefühl und eben keine Tatsache ist. Mit diesem Gefühl ist automatisch eine Sehnsucht verbunden:
die Sehnsucht nach dem positiven Gegenstück.
   Wenn wir jedoch unser Herz öffnen, und das schmerz-
liche Gefühl bewusst fühlen und als solches identifizieren, so haben wir Gelegenheit, eine tiefere Sehnsucht

zu entdecken. Eine, die sich auf diejenige positive Qualität bezieht, die jetzt gerade in unserem Leben erkannt
werden möchte. Ein schönes Gefühl, das darauf wartet,
entdeckt, gefühlt, gelebt zu werden.

❥ Dabei ist alles eine Sache der bewussten Wahrnehmung, die wir Schritt für Schritt im zweiten Teil einzu-
üben lernen.

TEIL II

PRAXIS.

UNSERE REISE BEGINNT

Ein erster Vorgeschmack
auf die Entdeckung
des entscheidenden Schritts

Was wünschst du dir zurzeit am meisten? Welches ist deine größte Sehnsucht? Formulieren wir die Frage mal so: Wonach würdest du dich sehnen, gäbe es da nicht den Gedanken, es sei zwecklos, unmöglich, zu schwierig zu erreichen oder verboten?

Es lohnt sich, darüber einen Augenblick zu meditieren.

Denn Sehnsucht bringt dich wie kein anderes Gefühl nach Hause zurück, in Kontakt zu deinem Herzen, deiner Wahrheit, zu dir selbst.

Wenn Sehnsucht in unserem Bewusstsein auftaucht, drückt sie sich als Gedanke aus (Ich sehne mich nach ...) und in Bildern. Aber vor allem ist Sehnsucht ein Gefühl. Also etwas, das man fühlen kann. Wenn du nun diese Sehnsucht in dein Bewusstsein einlädst und dich darauf konzentrierst, sie nicht nur gedanklich zu erkennen, sondern auch körperlich zu spüren – wie erlebst du diese Sehnsucht dann in deinem Körper? Wie fühlt es sich an, sich zu sehnen? Fast alle Menschen spüren Sehnsucht als ein Ziehen im Herzen, einen Sog, der vom Herzen aus nach vorne zieht, vielleicht zum Ersehnten hin?

Versuche, während du an deine Sehnsucht denkst, dich in diese Körperempfindung hineinzuversetzen und sie bewusst zu erleben – wobei du unweigerlich auch deinen Atem spüren wirst. So kannst du das Gefühl der Sehnsucht entdecken und deine Sehnsucht fühlen, statt sie nur zu haben.

ÜBUNG

SEHNSUCHT FÜHLEN,
ANSTATT SIE ZU HABEN

- ❧ Denke an etwas, wonach du dich sehnst.

- ❧ Richte deine Aufmerksamkeit auf deinen Körper und spüre deinen Atem. Nehme dir vor, deine Sehnsucht kennenzulernen. Erlaube ihr, in deinem Innern aufzusteigen.

- ❧ Achte darauf, wo du diese Sehnsucht im Körper empfindest und wie sie sich anfühlt.

- ❧ Versetze dich in diesen Körperzustand hinein, spüre deinen Atem, und erlebe ihn bewusst, während du weiter an deine Sehnsucht denkst.

- ❧ Indem du Gedanken und Körperzustand zeitgleich wahrnimmst, kannst du entdecken, wie es ist, Sehnsucht zu fühlen, anstatt sie nur zu haben.

Falls es dir gelingt, mit deiner Aufmerksamkeit bei der Sehnsucht zu bleiben, ohne dass sich andere mit dem Thema verbundene Gefühle in den Vordergrund schieben (wie z.B. Traurigkeit, Wut, Frustration, Hoffnungslosigkeit), so kannst du beobachten, wie diese Sehnsucht an dein Herz rührt und dieses beginnt, sich zu öffnen. Du kannst diesen Vorgang auch anregen oder unterstützen, wenn du dich fragst, was sich deine Sehnsucht von deinem Herzen wünscht.

ÜBUNG

HERZ ÖFFNEN
FÜR DIE SEHNSUCHT

- Denke an deine Sehnsucht.
- Spüre deinen Atem und deinen Körper.
- Nehme dir vor, deine Sehnsucht kennenzulernen, spüre sie wie zuvor körperlich und fühle sie wie zuvor bewusst.
- Richte deine Aufmerksamkeit auf die Frage, was diese Sehnsucht von deinem Herzen nun braucht.

Folgende unten aufgelistete Schlüsselwörter können dir bei der Beantwortung dieser wichtigen

Frage helfen. Achte darauf, bei welchen Herzens-
schlüsseln sich eine innere Reaktion einstellt.
Probiere sie noch ein zweites Mal durch. Manchmal braucht ein Gefühl die Schlüssel in einer bestimmten Reihenfolge:

- Will deine Sehnsucht von deinem Herzen
  - wahrgenommen werden?
  - Anerkennung bekommen?
  - Erlaubnis (da sein zu dürfen)?
  - Achtung (Respekt)?
  - hochgehalten, geehrt werden?
  - Raum?
  - Zuwendung? Beachtung?
  - für möglich gehalten werden
    (d.h. dass ihre Erfüllung von dir für
    möglich gehalten wird)?

Du wirst wahrscheinlich bemerken, dass dein Verhältnis
zu dieser Sehnsucht nun ein anderes ist als vorher. Es ist,
als seist du zu dir selber heimgekehrt.

Und du ahnst, fühlst, weißt in diesem Augenblick, dass
diese Sehnsucht sich irgendwie den Weg zu ihrer Erfüllung bahnen wird, ja, dass sie bereits damit begonnen hat,
genau in dem Augenblick, als du ihr dein Herz geöffnet
hast.

Jedoch hast du die Möglichkeit, noch einen Schritt weiter zu gehen. So wie du dir deine Sehnsucht bewusst angeschaut hast, kannst du dir auch das Ziel deiner Sehnsucht bewusst ansehen. Dabei wirst du eine erstaunliche
Entdeckung machen.

ÜBUNG

DAS ERSEHNTE BETRACHTEN

❧ Konzentriere dich auf deine Sehnsucht.

❧ Fühle sie wie oben beschrieben.

❧ Betrachte die Bilder, mit denen sie dir ausmalt, wie es wäre, wenn diese Sehnsucht schon erfüllt wäre.

❧ Verlagere deine Aufmerksamkeit in ein solches Bild hinein.

❧ Erlebe, wie es sich anfühlen würde, wenn das Erträumte schon eingetreten wäre.

❧ Spüre deinen Atem und deinen Körper.

❧ Achte darauf, wie du das Gefühlte erlebst.

❧ Entdecke, wie du dich darin fühlst.

❧ Wie heißt dieses Gefühl?

❧ Lerne es kennen.

❧ Fühle es bewusst und erlaube ihm, sich in dir auszubreiten, während du deinen Atem spürst

❧ Frage dich, was dies (positive) Gefühl von deinem Herzen braucht, und lass dich dabei von den unten folgenden Schlüsselworten führen.

Wenn du bei einem oder mehreren dieser Herzensschlüssel eine innere Reaktion verspürst, ist das ein Zeichen dafür, dass diese Qualität das ist, was du diesem Gefühl bisher unbewusst verweigert hast. Indem du diese Frage stellst und dieses

Schlüsselwort aussprichst, kann sich dein Herz diesem Gefühl öffnen.

❧ Möchte dieses Gefühl von meinem Herzen
– wahrgenommen werden?
– Anerkennung?
– Erlaubnis (da sein zu dürfen)?
– Raum?
– bewusst gefühlt werden?
– als Gefühl wahrgenommen werden, statt mit einer Tatsache verwechselt zu werden?

Wahrscheinlich wirst du nun mit großer Überraschung die Entdeckung machen, dass das, wonach du dich gesehnt hast, in Wirklichkeit ein Gefühl ist – und zwar eines, das nicht in der Zukunft liegt, sondern bereits vorhanden ist. Und wahrscheinlich wirst du in dem Moment, wo du den richtigen Herzensschlüssel gefunden hast, intuitiv gefühlt haben, dass dieser zugleich der Schlüssel zur weltlichen Erfüllung deines Wunsches ist.

BEISPIEL:

LINA WILL IN EINER FREUNDLICHEREN WELT LEBEN

Lina möchte umziehen. Sie fühlt sich an ihrem Wohnort nicht mehr wohl. Die Menschen sind ihr zu unfreundlich, und sie sehnt sich sehr danach, in einer Atmosphäre von Freundlichkeit zu leben. Bevor sie ihren Vorsatz in die Tat umsetzt, möchte sie jedoch ihre Sehnsucht einmal bewusst untersuchen, um herauszufinden, was es eigentlich genau ist, wonach sie sich sehnt.

Sie setzt sich also hin, schließt die Augen, spürt ihren Atem und lässt die Sehnsucht, in einer Atmosphäre von Freundlichkeit zu leben, in ihrem Innern aufsteigen. Bilder tauchen auf, Erinnerungen an Erlebnisse in anderen Gegenden der Welt, in denen man einander ganz selbstverständlich mit Freundlichkeit begegnet.

Lina versetzt sich in diese Bilder hinein. Sie erforscht, wie sich das anfühlt. Ihr fällt auf, dass sich ihr Körper dabei entspannt.

Sie untersucht, wie sie sich in dieser Entspannung fühlt und entdeckt ein Gefühl von Sicherheit. Lina fühlt sich sicher in der Gewissheit, dass die Welt mit freundlichen Augen auf sie schaut.

Lina öffnet ihr Herz für dieses Gefühl. Sie merkt, dass es Raum braucht und vor allem als Gefühl wahrgenommen werden möchte (statt als Tatsache). In diesem Moment wird ihr erst wirklich klar, dass Sicherheit ein Gefühl ist. Vorher hat sie unbewusst geglaubt: Um sicher zu sein, muss ich in einer freundlichen Welt leben. Nun merkt sie: Wenn die Welt mir freundlich begegnet, weckt dies in mir das Gefühl von Sicherheit. Da sie nun Sicherheit als Gefühl entdeckt hat, wird ihr bewusst, dass sie dieses Gefühl überallhin mitnehmen kann, ganz gleich, wie die Menschen sich ihr gegenüber verhalten. Sie ahnt allerdings bereits, dass die Welt ihr wesentlich freundlicher begegnen wird, wenn sie dieses Gefühl der Sicherheit ausstrahlt. Es ist nicht die Sicherheit eines Menschen, der von sich selber überzeugt ist, sondern ähnelt mehr der Sicherheit eines Kindes, das in einer liebevollen Umwelt aufwächst und daher arglos ist.

Und so ist es auch bei ihr: Sobald Lina daran denkt, dieses Gefühl in sich wahrzunehmen (am Anfang ist es eine Übung, sich an das neu entdeckte Gefühl zu erinnern, bis es zur Selbstverständlichkeit wird), reagieren die einst unfreundliche Menschen wesentlich freundlicher auf sie.

Mit diesem Beispiel und der zuvor geschilderten Übung hast du einen kleinen Vorgeschmack, eine Ahnung von der Entdeckung bekommen, um die es in diesem Buch geht. Vorausgesetzt, du hast die Übung auch gemacht, andernfalls solltest du sie nachholen, um auch wirklich von der Entdeckung profitieren zu können. In ihrem ganzen Ausmaß wirst du die von mir knapp skizzierte Entdeckung erst begreifen, wenn du gründlich vorgehst, und wenn du dich dem entscheidenden Schritt stufenweise näherst, ohne etwas auszulassen.

Fangen wir also ganz von vorne an.

Bewusste Wahrnehmung
will geübt sein

Dein Ausgangspunkt für den Weg, den ich dich hier einlade zu gehen, ist genau die Situation, in der du dich derzeit befindest. Damit meine ich nicht unbedingt die momentane Situation wie »ich sitze gerade hier im Sessel und lese dieses Buch«, sondern die Lebenssituation, die in deinem Denken und Fühlen zurzeit den größten Platz einnimmt. Um die deine Gedanken in welcher Weise auch immer kreisen.

Vielleicht gibt es im Augenblick mehrere Themen oder Probleme, die dich beschäftigen; eines steht davon sicherlich im Vordergrund und nimmt in deiner unwillkürlichen Gedankenbahn den meisten Platz ein. Das ist dein Ausgangspunkt für die Reise. Falls noch nicht geschehen, bitte ich dich an dieser Stelle, dir über deinen Ausgangspunkt klarzuwerden.

Welches Ereignis, Lebensthema oder Problem beschäftigt dich derzeit am meisten? Nimm dir einen Augenblick Zeit, um dir dies zu vergegenwärtigen oder schreibe es auch auf.

Das wird dein Ausgangspunkt für den Weg sein – den »wunderbaren Weg der Wahrnehmung«.

Bis zum Ende des zweiten Teils dieses Buches wirst du dieses Ausgangsthema bis auf den Grund durchleuchtet und den darunter verborgenen Schatz gehoben haben. Dazwischen gebe ich dir einige leichtere Übungen zum Aufwärmen an die Hand.

Lass uns erst einmal klären, was bewusstes Wahrnehmen in Bezug auf innere Vorgänge (und nur um diese geht es hier) bedeutet. Wahrnehmung ist neutral, da sie sonst keine ist. Was wahr ist, nehmen. Wahrzunehmen ist etwas anderes, als kritisch zu beobachten; etwas anderes, als zu beurteilen, zu kommentieren, zu werten, zu ordnen, zu analysieren oder zu unterteilen; und auch etwas anderes als anzunehmen.

ÜBUNG

DIE WAHRNEHMUNG DES AUGENBLICKS

❧ Berichte dir selbst hörbar laut oder schriftlich, was du in diesem Augenblick wahrnimmst.

Das kann beispielsweise so aussehen:

Ich nehme in diesem Augenblick wahr, wie ich tief seufze, und wie ein kühler Wind über meine Haut streift. Einen Gedanken nehme ich wahr, dass ich doch lieber einen Schal anziehen sollte. Und was nehme ich noch wahr? Das Geräusch des Flusses, der draußen vorbeifließt. Ein Jucken auf meiner Haut. Motorenlärm. Das Ticken der Wanduhr. Vogelzwitschern. Angespannte Kopfhaut. Einen salzigen Geschmack im Mund.

❧ Was nimmst du wahr?

Wir nehmen andauernd etwas wahr, aber das Wenigste davon geschieht bewusst. Denn im Allgemeinen folgt auf eine Wahrnehmung sofort eine Interpretation, ein Urteil, eine Bewertung, eine Einordnung.

Beispiel: Adam geht an Eva vorbei, schaut sie kurz an, beantwortet aber ihr Lächeln nicht.

Eva nimmt dies alles unterschwellig wahr, und sie interpretiert sofort: Er ist böse auf mich.

Oder wir reagieren sofort auf eine Wahrnehmung:

Adam geht an Eva vorbei, schaut sie kurz an, beantwortet ihr Lächeln nicht.

Eva ruft: »Hey, was ist los, sprichst du nicht mehr mit mir?«

Das Reaktionsspiel könnte sich im darauf einsetzenden Gespräch fortsetzen:

Adam: »Wieso soll ich mit dir sprechen?«

Eva: »Hast du schlechte Laune, oder was?«

Adam: »Wieso soll ich schlechte Laune haben?«

Eva: »Weil ich das sehe. Ich sehe doch, dass du wütend bist.«

Adam, wütend: »Ich bin doch nicht wütend!!«

Eva: »Bist du doch. Du schreist ja.«

Adam: »Ich schreie nicht, du schreist.«

Und so fort.

Interpretation und Reaktion sind mit Emotionen verbunden. Wir sind nämlich so sehr daran gewöhnt, jede Wahrnehmung automatisch zu interpretieren und emotional auf diese Interpretation zu reagieren, dass die emotional bedingte Reaktion jeweils blitzschnell und automatisch abläuft. Die ursprüngliche, reine Wahrnehmung wird dabei verdeckt. So kommt es, dass wir uns ständig täuschen.

Wir haben jedoch die Möglichkeit, zur reinen Wahrnehmung und damit zur Wahrheit zurückzukehren. Dazu müssen wir innerlich einen Schritt zurücktreten und bewusst wahrnehmen. Wenn Eva das tut, sieht die vorige Szene so aus:

Adam geht an Eva vorbei.

Eva grüßt ihn mit einem Lächeln.

Eva nimmt wahr: Adam schaut mich kurz an, sein Gesicht bleibt ernst, er sagt nichts. Sie merkt, dass das ein Gefühl in ihr auslöst, nämlich Unsicherheit. Sie spürt, dass sich ihre Knie weich anfühlen und ihr Atem unruhig und oberflächlich ist.

Um aus Interpretation und Reaktion in eine bewusste Wahrnehmung zu gelangen, müssen wir einen Teil ihres Wesens entdecken, der nicht in die Vorgänge verstrickt und verwickelt, sondern neutral ist. Diesen Teil bezeichnen wir als den »Zeugen«, den »Beobachter« oder gemeinhin als »Achtsamkeit«.

SCHRITTE ZUR BEWUSSTEN WAHRNEHMUNG: ZEUGE SEIN

Es gibt in unserem Innern – bildlich gesprochen – einen Platz, auf dem wir alle äußeren und inneren Eindrücke, also Sinneseindrücke, Körperempfindungen, Gedanken und Gefühle einfach nur neutral wahrnehmen können. Wenn wir auf diesem Posten sind, sind wir nicht ins Geschehen verwickelt, sondern einfach nur Zeugen. Wir nehmen wahr. Weiter nichts. Diesen Platz musst du einnehmen, um die Entdeckung tatsächlich selber zu machen und ihre umwälzende Wirkung erleben zu können.

Man könnte diesen Platz »die Mitte« nennen oder auch »in seiner Mitte sein«, aber dies wäre irreführend, da man sich darunter automatisch einen Ort in der Mitte des Körpers vorstellen würde. Was ich hier »Platz« nenne, ist weniger ein Ort als vielmehr einfach Bewusstheit und beginnt mit einem Vorsatz: Ich nehme mir vor, alles, was auftaucht, bewusst wahrzunehmen. Das Erste, was ich wahrnehme, wenn ich meine Bewusstheit einschalte, ist mein Atem.

Bewusstheit beginnt wie folgt:

- Ich spüre meinen Atem.
- Ich nehme Sinneseindrücke wahr.
- Ich nehme Körperempfindungen wahr.

- Ich nehme Gedanken wahr. Ich bin mir dessen bewusst,
  dass es Gedanken sind.

- Ich nehme Gefühle wahr. Ich bin mir dessen bewusst,
  dass es Gefühle sind.

- Ich spüre meinen Atem.

- Ich bin Zeuge (oder Beobachter).

Wenn du diese Bewusstheit eingeschaltet hast, kannst du deine Gedanken und Gefühle wahrnehmen, ohne mit ihnen identifiziert zu sein. Du kannst dann unterscheiden, was Wahrnehmung und was Interpretation ist; was Realität und was Gedanke oder Gefühl ist. Und du wirst in deinen physischen Anspannungen, Schmerzen und Symptomen die Gefühle wiederentdecken, die du bislang aus deinem Bewusstsein verdrängt hast.

Du wirst aus der Hypnose deiner eigenen Gedanken und Gefühle erwachen und aus der Scheinwelt, die du daraus konstruiert und durch ständige innere Dialoge stabilisiert hast.

Jedenfalls wird dieses Erwachen in dem Augenblick eintreten, da deine Bewusstheit sich einschaltet, und anhalten, solange sie anhält. Sobald sie wieder erlischt – und da gleicht unsere Bewusstheit einem Licht, das sich nach einer bestimmten Zeit automatisch wieder ausschaltet – wirst du wie zuvor deine Gedanken für Realität, deine Gefühle für Tatsachen halten und wenig von dem wahrnehmen, was wirklich objektiv geschieht. Wie kommst du in diese Bewusstheit? Wie wirst du Zeuge?

- Indem du damit beginnst, deinen Atem zu spüren –
  am besten jetzt, sofort!

ÜBUNG

DEN ATEM SPÜREN

- Spüre deinen Atem.
- Nimm jedes einzelne Einatmen und Ausatmen wahr.
- Schließe deine Augen und konzentriere dich einige Atemzüge lang nur auf deinen Atem: einatmen – ausatmen.
- Nachdem du deine Augen wieder geöffnet hast, spüre weiterhin deinen Atem, auch während du jetzt weiterliest.

Bald wirst du dies wieder vergessen haben, was vollkommen normal ist. Aber du wirst dich auch immer wieder daran erinnern, deinen Atem zu spüren. Du wirst immer öfter bemerken, wie du einatmest und wie du ausatmest oder, anders formuliert, wie Atem einströmt und Atem ausströmt; wie dein Bauch sich hebt und senkt.

Deinen Atem zu spüren, bringt dich in die Gegenwart. Ohne in deinem Körper gegenwärtig zu sein, kannst du deinen Atem gar nicht spüren. Wenn du in Gedanken bist, nimmst du ihn nicht wahr. Während du deinen Atem spürst, bist du gegenwärtig. Du nimmst deine Sinneseindrücke bewusst wahr. Du bist ganz da. Nun hast du den Platz des »Zeugen« oder der Bewusstheit eingenommen.

Von hier aus bist du in der Lage, sowohl äußere als auch innere Eindrücke bewusst wahrzunehmen, ohne sich von ihnen überwältigen zu lassen. Beispielsweise: »Da ist dieses Geräusch. Da ist dieser Gedanke, mit dem ich das Geräusch kommentiere. Da ist diese Körperempfindung. Da ist dieses Gefühl.«

Diese Übung der bewussten und neutralen Wahrnehmung haben wir den Buddhisten zu verdanken (»Zen« oder »Vipassana«).

MINI-ZEN FÜR JEDEN TAG

Nimm dir hierfür täglich 3 Minuten Zeit.

- ❥ Spüre deinen Atem.

- ❥ Spüre deinen Körper.

- ❥ Nimm all deine auftauchenden Sinneseindrücke wahr: Geräusche, Gerüche, Körperempfindungen, optische Eindrücke, Geschmäcker.

- ❥ Wenn ein Gedanke auftaucht, betrachte ihn bewusst.

- ❥ Bleibe bei deinem Atem, bei deinem Körper, bei deinen Sinneseindrücken.

- ❥ Wenn du beobachtest, in einem Gedanken kurzzeitig verschwunden zu sein, benenne das Thema des Gedankens prägnant, zum Beispiel: »Gedanke an Essen«, und kehre zurück zu deinem Atem, zu deinem Körper, zu deinen Sinneseindrücken.

❧ Welcher Gedanke auch immer deine Aufmerksamkeit gefangen nimmt und ganz gleich, wie
wichtig er auch sein mag, beschreibe ihn
knapp mit »Gedanke an ...« und kehre wieder
zurück zu deinem Körper, zu deinem Atem,
zu deinen Sinneseindrücken.

Du wirst feststellen, dass diese tägliche Dosis an Mini-Zen
ungeheuer wertvoll ist. Sie bringt dich zu dir zurück, in
deinen Körper, in die Gegenwart, in die Realität, und
damit sozusagen nach Hause. Nach und nach wird es dir
immer leichter fallen, sich von der Identifikation mit bestimmten Gedanken und Gefühlen zu lösen. Dein Interesse, die Realität kennenzulernen anstatt in deinen Urtei-
len und Interpretationen über sie gefangen zu bleiben,
wird erwachen, und damit wirst du in der Lage sein und
bleiben, dich immer wieder zu erneuern, zu öffnen und
umzuorientieren.

GEDANKEN WAHRNEHMEN,
STATT UNS MIT IHNEN ZU IDENTIFIZIEREN

Es war für mich eine erstaunliche Entdeckung herauszufinden, dass ich meine Gedanken wahrnehmen kann, anstatt sie zu denken. Nicht mehr gezwungen zu sein, auf
meine Gedanken hereinzufallen! Nicht mehr ausgeliefert
zu sein, mich »so oder so« fühlen zu müssen, nur weil ich
nicht anders kann als »so oder so« zu denken! Normalerweise sind wir automatisch und für uns selbstverständlich

mit unseren Gedanken identifiziert, ohne uns dessen überhaupt bewusst zu sein. Wir halten unsere Gedanken für
die Wahrheit und fühlen uns dementsprechend.

Stattdessen können wir einen Gedanken einfach als das
erkennen, was er ist: Ein Gedanke. Dazu müssen wir ihn
natürlich bemerken. Solange wir einfach unbewusst vor
uns hin denken und unsere Gedanken automatisch für
Realität halten, nutzt uns das alles nichts. Wie werden wir
uns unserer Gedanken bewusst? Indem wir es uns vornehmen, uns daran erinnern, und es üben. Unsere oben
beschriebene tägliche *Mini-Zen-Übung* kann uns dabei
sehr helfen. Wenn ich dann einen Gedanken bemerke,
mit dem ich identifiziert bin, muss ich diesen Gedanken
nicht für falsch oder unzulänglich erklären. Ich kann ihn
einfach als Gedanken erkennen, um von ihm frei zu sein,
indem ich beispielsweise sage:«Aha, interessant, so denke
ich also«, oder: »Aha, interessant, da ist dieser Gedanke.«

Auf einmal bin ich nicht mehr hypnotisiert von einer
bestimmten Sicht der Dinge, denn ich habe Abstand zu
meinem eigenen Denken. Ich kann andere Dinge wahrnehmen, die ich vorher als hypnotisiertes Ich nicht wahrnehmen konnte.

ÜBUNG

GEDANKEN ZU EINEM THEMA
BEWUSST WAHRNEHMEN

❥ Denke an dein Thema, deine Ausgangssituation
oder an das Problem, das dich derzeit am meisten beschäftigt.

- Nimm den Platz des Zeugen ein, indem du deine Gedanken bewusst wahrnimmst.

- Spüre deinen Atem.

- Lasse deinen Gedanken freien Lauf und sei zeitgleich Zeuge deiner Gedanken. Beobachte sie.

  Da es zunächst schwierig sein kann, gleichzeitig zu denken und seine Gedanken wahrzunehmen, kannst du es auch nacheinander tun.

- Denke an dein Thema, lasse deinen üblichen wie auch neuen Gedanken freien Lauf.

- Stoppe den Fluss deiner Gedanken, spule sozusagen das Tonband zurück und höre dir an, was du gerade in Gedanken formuliert hast, beispielsweise: »Aha, so denke ich also.« Mache dir nun bewusst, dass dies die Art ist, wie du die Realität interpretierst, aber nicht die Realität selber.

Merkst du, dass du auf diese Weise Abstand von deinem eigenen Denken nehmen kannst und nicht mehr so sehr damit identifiziert bist?

Wenn du allerdings völlig frei davon werden möchtest, musst du deine Gedanken vollständig wahrnehmen. Zu einem Gedanken gehört jeweils auch ein körperlicher Ausdruck und ein Gefühl. Wenn wir einen Gedanken nur geistig wahrnehmen, ohne Körper und Gefühl, nehmen wir nur einen Teil von ihm wahr. Der Rest bleibt unbeleuchtet und daher unverändert bestehen. Das Gefühl, das zu diesem Gedanken gehört, beeinflusst dann noch weiterhin unseren Energiefluss, bestimmte Abläufe in unserem Körper, unsere Haltung, unser Denken und unser Verhalten, ohne dass wir es bemerken.

Gedanken sind
körperlich spürbar

Da wir nicht allein reiner Geist sind, sondern Wesen aus Fleisch und Blut, sind unsere Gedanken auch etwas Körperliches. Mit unseren Gedanken teilen wir unserem Körper andauernd mit, was Realität ist, und er glaubt uns das und verhält sich dementsprechend. Wenn ich sage: »Was glaubt dieser Drecksferl eigentlich, wer er ist«, wird mein Körper hart, die Fäuste ballen und die Stirn runzelt sich. Wenn ich indes sage: »Was für ein herrlicher Morgen«, wird mein Brustkorb und mein Atem weit, und mein Mund und meine Augen formen ein leichtes Lächeln.

Jeder Gedanke hat auch seinen Klang, seine Stimmung und gleicht daher einer Musik, einer Schwingung in unserem Körper. Ein flüchtiger Gedanke, der uns nicht besonders berührt, streift den Körper nur flüchtig. Ein sich wiederholender Gedanke, mit dem wir uns identifizieren und den wir für wahr halten, prägt indes unserem Körper seine Schwingung auf, beeinflusst den Fluss der Energie, die Ausschüttung von Hormonen in unserem Körper, erzeugt hier oder dort eine Über- oder Unterspannung, eine Verschiebung im Gleichgewicht, eine Veränderung bis in die Zellen und Organe hinein – kurz, einen besonderen Körperzustand.

ÜBUNG

GEDANKEN KÖRPERLICH ERLEBEN

- Denke wiederholt: »So ein Mist, so ein Mist, so ein Mist«, oder etwas Ähnliches in deiner eigenen Ausdrucksweise. Spüre in deinen Körper hinein, während du das denkst. Wie fühlt sich das an? Bemerkst du irgendwo in deinem Körper etwas Besonderes? Wenn ich denke: »So ein Mist«, spüre ich eine Anspannung in meinem Mund und in meinem oberen Rücken. Was spürst du?

- Nachdem du dies erforscht hast, hole tief Atem und seufze laut, um dich von dieser Spannung zu befreien.

- Denke dann einige Male: »Wie wunderbar, wie wunderbar, wie wunderbar!« Spüre dem Echo dieses Satzes in deinem Körper nach. Wie fühlt es sich an?

- Probiere dasselbe nun mit Ich-Aussagen. »Ich bin ein Dummkopf.« »Ich bin ein Engel«, »Ich bin hässlich«, und »Ich bin schön.«

- Denke deinen Namen: Ich bin …
  Wie fühlt sich das an?

- Nimm nach jeder Wahrnehmungsübung einen tiefen Atemzug und seufze laut, um dich wieder davon zu lösen.

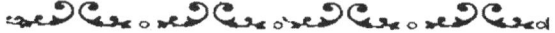

Gedanken »verkörpern« sich. Diejenigen Gedanken, mit denen wir uns identifizieren, oder die wir ständig hegen, werden Teil unseres körperlichen Ausdrucks, unserer Haltung, und beeinflussen unseren Energiefluss und die Abläufe in unserem Gehirn, unserem Nervensystem, unseren Zellen, unseren Organen, unseren Knochen, unserem Fleisch. Letztendlich verkörpern sie sich in unserem Schicksal.

ÜBUNG

GEDANKEN ZU EINEM THEMA
KÖRPERLICH WAHRNEHMEN

- Denke an deine Ausgangssituation, also an das Thema oder Problem, das du am Anfang deiner Reise ausgewählt hast. Gibt es inzwischen ein aktuelleres und wichtigeres Thema für dich, nimm dieses.

- Achte bewusst auf deine Gedanken, höre ihnen zu, während sie ablaufen.

- Spüre deinen Atem.

- Spüre dem Echo deiner Gedanken in deinem Körper nach.

- Was tut sich in deinem Körper? Wo bemerkst du etwas Besonderes?

- Das ist die Art, wie diese Gedanken sich in deinem Körper ausdrücken. Lerne sie kennen. Beobachte sie nicht nur aus der Ferne, sondern versetze dich mit deinem Bewusstsein in den

betreffenden Teil deines Körpers hinein und
spüre seine Reaktion. Erlebe seinen Zustand
bewusst. Werde eins mit deinem Körper und
fühle, was er fühlt, während du an dein Thema
denkst.

❦ Spürst du, dass sich die Zellen dieses Körper-
teils freuen, wenn du bei ihnen verweilst? Wenn
du ihnen deine Aufmerksamkeit schenkst und
sie mit deinem bewussten Atem berührst? Und
wenn du mit ihnen fühlst?

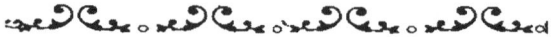

Vielleicht kennst du die inzwischen weltberühmten Auf-
nahmen der Wasserkristalle von Emoto? Auf diesen Bildern können wir beobachten, wie Worte Wasser beeinflussen können. Unser Körper besteht größtenteils aus
Wasser. Da kann man sich ausmalen, welche Wirkung unsere Gedanken dann auf ihn haben! – vor allem diejenigen Gedanken, die wir ständig wiederkäuen.

GEDANKEN NICHT MIT
TATSACHEN VERWECHSELN

Nachdem wir erkannt haben, dass Gedanken den Körper
beeinflussen, liegt es nahe zu versuchen, negative, zerstörerische, selbstquälerische Gedanken durch bessere, schö-
nere, liebevollere zu ersetzen. Wir können doch denken,
was wir wollen, oder?

Es ist wahr, dass wir einen Einfluss auf unser Denken
haben; dass wir willentlich etwas denken können. Aber

ebenso sicher ist es, dass neben uns selbst eingeredeten Gedanken auch noch diejenigen existieren, die wir in Wirklichkeit für wahr halten. Ich kann sogar in der Meditation einen Gedanken fassen, der ganz anders ist als meine gewöhnlichen Gedanken. In diesem Zustand kann ich nämlich aus einer erhöhten Perspektive Teile der Realität wahrnehmen, die mir in der gewöhnlichen Perspektive, sozusagen unten im Tal, verborgen sind. Jedoch ändert das nichts daran, dass dort unten im Tal einer sitzt, der so denkt und fühlt, wie eben einer denkt und fühlt, der sich im Tal befindet und nicht weit schauen kann. Es gibt dann eben zwei Ichs. Das eine jubiliert hoch oben auf dem Gipfel: Wie großartig, wie wunderbar die Welt ist, wie erhaben, wie bedeutungsvoll! Und das andere Ich sitzt unten im Tal, schwitzt und rackert sich ab und ist in seiner engen Perspektive gefangen. Beide Ichs haben gewisse Gefühle: das eine fühlt sich beispielsweise begeistert, inspiriert, erhaben, groß, weit, frei, und das andere vielleicht schwer, belastet, beladen, zornig, frustriert.

Der Trick ist, beide einfach wahrzunehmen. Nicht zu versuchen, das eine Ich durch das andere zu ersetzen. Das erweist sich als ein Akt innerer Lieblosigkeit und führt zu Verdrängung und Spaltung. Wir sollten außerdem nicht das eine Ich für gültig und das andere für ungültig erklären. Vermeiden müssen wir auch, dem einen Ich die Perspektive des Anderen nahezubringen oder aufzuschwatzen, in der Hoffnung, dass es sich dann anders fühlt. Nein, bitte einfach nur Zeuge sein und wahrnehmen. Nehmen wir lieber die Gedanken und Gefühle wahr, die in der höheren Perspektive auftauchen, und die Gedanken und Gefühle, die in der niedrigeren Perspektive auftreten. Und zwar jeweils als das, was sie sind: Gedanken und Gefühle – indem wir uns sagen: »Aha, da ist dieser Gedanke«, oder: »Aha, da ist dieses Gefühl.« Und die Gefühle bitte einfach nur bewusst fühlen. Es sind Nuancen inneren Erlebens, so wie zartbitter, süß oder extrem scharf Nuancen eines Geschmackserlebnisses sind. Es lohnt sich, sie kennenzulernen. Was dies schwierig bis unmöglich macht, ist nur die Identifikation mit ihnen.

Aus unserer Identifikation mit bestimmten Gedanken aufwachen

Normalerweise nehmen wir unsere Gedanken nicht wahr, sondern denken vor uns hin und sind mit dem Inhalt unseres Denkens identifiziert. Wenn wir jedoch einmal auf die Idee gekommen sind, anstatt Gedanken zu »denken«, sie nur zu beobachten, dann lässt uns diese Erkenntnis nicht mehr los. Wir werden immer wieder Gedanken entdecken, mit denen wir identifiziert sind, aber der Unterschied zu vorher ist, dass wir sie immer öfter bewusst bemerken und als Gedanken erkennen.

Aber es kommt auch vor, dass wir einen Gedanken aufspüren und trotzdem nicht aufhören, uns mit ihm zu identifizieren.

Das hört sich dann beispielsweise so an: »Mag ja sein, dass es ein Gedanke ist, aber ich bleibe dabei, dass das, was diese Person getan hat, eine Gemeinheit ist.«

Wie löst man sich von einer Identifikation, von der man sich nicht lösen kann?

Ganz einfach: Indem man sie wahrnimmt. Nichts weiter. Und vor allem lösen wir uns nicht mit Aussagen wie: »Dieser Gedanke ist falsch«, oder: »Es ist falsch, mit diesem Gedanken identifiziert zu sein«, sondern stellen wir einfach fest: »Da ist dieser Gedanke, und ich bin mit ihm identifiziert.«

Auf diese Weise erwachen wir aus der Identifikation, indem wir sie einfach entdecken. Wir müssen ja gar nichts ändern, sondern sie nur bemerken, und allein dadurch rückt sich alles zurecht.

Das Wörtchen »aha« kann uns dabei sehr gut helfen: »Aha, da ist dieser Gedanke. Aha, damit bin ich identifiziert.« »Aha, ich denke also, dass das eine Gemeinheit ist«, oder: »Aha, da ist der Gedanke, dass das eine Gemeinheit ist, und den halte ich offenbar für wahr.«

Aber was ist mit all den Gedanken und Gefühlen, mit denen wir identifiziert sind, ohne es zu wissen? Unsere ganze Problematik besteht ja genau darin, dass es eine große Menge unbewusster Grundüberzeugungen in uns gibt. Da sie uns nicht bewusst sind, können wir sie auch nicht wahrnehmen. Unbewusst gehen wir ganz selbstverständlich davon aus, dass es Tatsachen sind.

Ein Beispiel: Lena ist lästig

Florian sagt zu Lena, die gerade bei ihm zur Tür herein-schaut: »Lass mich mal in Ruhe, ich bin gerade innerlich mit mir beschäftigt.« »Kein Problem«, sagt Lena, »verstehe ich.« Sie zieht leise die Tür hinter sich zu, und merkt dabei, wie sie plötzlich von einer Riesenwut erfasst wird. Irgendetwas an Florians »Lass mich mal in Ruhe« hat in ihr Wut ausgelöst. Automatisch hat Lena aus seiner Bemerkung geschlossen, sie sei lästig. Sie hält das für eine Tatsache, und zwar für eine Tatsache, die ihr Wesen beschreibt: »Ich bin lästig.« Das ist eine Grundüberzeugung, die sie in Kindertagen gewonnen hat, und an die sie natürlich nicht gern erinnert wird. Den Gedanken, lästig zu sein, erträgt sie nicht, und wehrt sich mit Wut.

Aber in Wirklichkeit ist »lästig« keine Tatsache, sondern ein Gedanke. Und dieser Gedanke ist mit einem Gefühl verbunden, das heißt, wenn Lena denkt, lästig zu sein, fühlt sie sich – ja, wie eigentlich? Wertlos? Abgelehnt? Oder eine Mischung aus beidem? Unerwünscht? Oder eben lästig?

Lena kann die Situation nutzen, indem sie ihre alte Grundüberzeugung, »ich bin lästig«, in sich entdeckt, und sie als Gedanken erkennt, und als Gefühl.

Florian hat übrigens ganz andere Dinge im Kopf gehabt, als Lena lästig zu finden. Er war mit seinen eigenen Problemen beschäftigt. Selbst wenn er Lenas Verhalten in jenem Augenblick als lästig empfunden hätte, so wäre daraus trotzdem noch lange nicht die Tatsache hervorgegangen, dass Lena lästig ist.

Florian denkt vielmehr, dass Lena ihn in jenem Augenblick bei seinen Meditationen gestört hat. Das ist sein Gedanke und keine Aussage darüber, wer und wie Lena ist.

Wird eine negative Grund-Identifikation wie im eben genannten Beispiel durch das Verhalten eines Mitmenschen in uns angerührt, so können wir uns regelrecht in unsere negativen Gedanken und Gefühle einsperren. Wir verlieren dann den Kontakt zur Realität. Vorübergehend nehmen wir auch keine Sinneseindrücke mehr wahr, sondern leben nur noch in der Welt unserer Gedanken und Emotionen. Die Sonne kann scheinen, es ist uns egal, wir schmoren in unserer eigenen Hölle, und der Mensch, der das in uns ausgelöst hat, ist zum Teufel geworden. Wir haben keinen Kontakt mehr zu seiner inneren Realität, zu seinem Herzen.

Der Weg aus der Hölle ist der gleiche wie der Weg aus einem Albtraum. Er heißt Erwachen. Erwachen bedeutet, unsere bewusste Wahrnehmung einzuschalten. Den Atem zu spüren und sich zu erinnern: Bewusst wahrnehmen! »Aha, da ist dieser Gedanke, und so fühle ich mich damit.«

Neutrales, korrektes und genaues Wahrnehmen erweckt uns aus den falschen Identifikationen, den Verwechslungen von Gedanken und Gefühlen mit Tatsachen.

GEDANKE + KÖRPER = GEFÜHL

Mit jedem Gedanken ist ein bestimmter Körperzustand verbunden. Einen Gedanken nimmt man wahr, indem man ihn beobachtet. Einen Körperzustand nimmt man wahr, indem man ihn spürt. Wenn du nun einen Gedanken beobachtest und zugleich den damit verbundenen Körperzustand spürst, wird in deinem Bewusstsein das dazugehörige Gefühl auftauchen.

ÜBUNG

GEFÜHLE KÖRPERLICH ERLEBEN

- ❧ Denke an ein bestimmtes Gefühl, beispielsweise Traurigkeit.
- ❧ Schließe deine Augen.
- ❧ Erforsche, wie sich die Traurigkeit in dir anfühlt. Hängen zum Beispiel deine Schultern und Mundwinkel herab, atmest du schwerer?

- Begib dich mit deiner Aufmerksamkeit in die Regionen deines Körpers hinein, wo du die Traurigkeit wahrnimmst.

- Erlebe diesen Körperzustand bewusst.

- Lasse dann deine Aufmerksamkeit vom Körperzustand zum Gefühl wandern.

- Erforsche weiter, wie es ist, sich traurig zu fühlen. Lerne die Traurigkeit als Gefühl kennen. Fühle sie bewusst.

- Hole tief Atem und seufze laut aus, um sich von ihr zu lösen.

- Denke nun an ein anderes Gefühl, zum Beispiel an Wut.

  Du brauchst dabei nicht an eine bestimmte Wut denken und brauchst auch gar nicht tatsächlich wütend sein. Denke einfach »Wut« und wiederhole diesen Gedanken immer wieder.

- Wie fühlt sich der Gedanke »Wut« in deinem Körper an?

- Was passiert in deinem Körper?

  Ballen sich deine Fäuste, verspürst du einen Druck im Kiefer, eine Anspannung in den Beinen, im Rücken, im Bauch ...?

- Sei in deinem Körper anwesend. Spüre deinen Atem, so wie er eben da ist, in allen Körperteilen, in denen du die Wut registrierst. Lerne den Körperzustand »Wut« kennen.

- Verlagere dann deine Aufmerksamkeit auf das Gefühl. Lerne kennen, wie es ist, Wut zu fühlen. Erlebe und fühle sie bewusst.

❧ Löse dich mit einem tiefen Atemzug und einem Seufzer davon und wiederhole das Experiment mit einem anderen Gefühl, zum Beispiel Freude.

❧ Denke an »Freude«.

❧ Beobachte, was in deinem Körper geschieht. Wird der Atem tiefer, gehen die Mundwinkel nach oben, weitet sich die Brust, und fühlt sich der Körper vielleicht leicht an? Oder was geschieht bei dir, wenn du an Freude denkst?

❧ Beobachte und kommentiere diesen Körperzustand nicht nur, sondern erlebe ihn. Spüre ihn. Sei inmitten dieses Zustands mit deiner Aufmerksamkeit und deinem Atem anwesend.

❧ Nun achte auf das Gefühl und fühle Freude.

Gedanke, Gefühl und Körperzustand gehören zusammen und stellen drei Ebenen ein- und derselben Realität dar. Wir können sie in beliebiger Reihenfolge wahrnehmen. Da wir nicht (mehr?) gewohnt sind, alles, was wir denken, zugleich auch zu spüren und zu fühlen, haben wir diese Einheit verloren. Daher müssen wir die ausgeblendeten Ebenen nacheinander wieder einblenden. Dies können wir folgendermaßen erreichen:

❧ Ich bemerke einen Gedanken. Ich registriere das Gefühl, das mit diesem Gedanken verbunden ist. Ich nehme wahr, wie sich das körperlich anfühlt.

❧ Oder: Ich bemerke einen Gedanken, nehme zuerst den dazugehörigen Körperzustand wahr und entdecke darin dann das Gefühl.

❧ Oder: Ich bemerke ich einem besonderen Körperzustand, ein Symptom, eine Verspannung, einen Schmerz: Ich vertiefe mich in diesen Körperzustand und entdecke das verborgene Gefühl. Und den Gedanken, der das Gefühl verursacht hat und mit dem ich identifiziert war.

❧ Oder: Ich bemerke ein Gefühl. Ich richte ich meine Aufmerksamkeit auf den Gedanken, der mit diesem Gefühl verbunden ist; und darauf, wie es sich körperlich anfühlt.

ÜBUNG

GEDANKEN KÖRPERLICH UND EMOTIONAL WAHRNEHMEN

ERSTE VARIANTE: *Gedanke – Gefühl – Körper*
Denke an deine Ausgangssituation.

❧ Beobachte deine Gedanken.

❧ Nimm ein Gefühl wahr, das sich in diesen Gedanken ausdrückt (wahrscheinlich sind es mehrere, beginne zunächst mit einem).

❧ Spüre deinen Atem und richte deine Aufmerksamkeit auf dieses Gefühl.

❧ Nimm dir vor, es kennenzulernen.

❧ Wie fühlt es sich körperlich an?

ZWEITE VARIANTE: *Gedanke – Körper – Gefühl*
Denke an deine Ausgangssituation.

❧ Beobachte deine Gedanken.

❧ Spüre deinen Atem und nimm den damit einhergehenden Körperzustand wahr.

❧ Richte deine Aufmerksamkeit auf denjenigen Teil deines Körpers, in dem dir etwas Besonderes auffällt.

❧ Versetze dich in diesen Teil hinein und erlebe seinen Zustand bewusst.

❧ Wie fühlst du dich darin? Lenke deine Aufmerksamkeit auf das Gefühl, das sich in diesem Zustand ausdrückt.

Die erste Übungsvariante ist einfacher, jedoch bevorzuge ich die zweite, denn sie führt mich direkt zu jenen mir gänzlich unbewussten Gefühlen, die mich unbemerkt beherrschen, und die daher eine Schlüsselrolle in meinen Problemen spielen.

Übe einige Varianten davon ein paarmal. Du musst dich dafür nicht immer hinsetzen und die Augen schließen. Du kannst es auch bei anderen Gelegenheiten üben, während du beispielsweise spazieren gehst oder eine leichte Tätigkeit verrichtest, die nicht deine ganze Aufmerksamkeit beansprucht. Wann immer dir auffällt, dass deine Gedanken um deine Ausgangssituation oder um irgendeine andere bedeutende Angelegenheit kreisen, lenkst du deine Aufmerksamkeit gezielt darauf, wie sich diese Gedanken im Körper anfühlen und wie du dich in dem dazugehörigen Körperzustand fühlst. Oder du beobachtest, wie du dich mit diesen Gedanken fühlst und wie sich dieses Gefühl körperlich anfühlt.

Auf diese Weise lernst du, deine Gedanken vollständig wahrzunehmen – mit Körper und Emotion. Und wie wir bereits am Anfang gesehen haben: Wahrnehmung wirkt Wunder.

Beobachte, wie sich diese bewusste Wahrnehmung bei dir auswirkt. Vielleicht beginnst du dich anderen Sichtweisen zu öffnen, mehr Abstand zu deinen Gefühlen zu haben, souveräner zu handeln oder besonnener zu reagieren. Vielleicht reagiert deine Umwelt anders auf dich.

Beobachte!

UNSERE GEFÜHLE WERDEN VON GEDANKEN ERZEUGT

Ich schlage am Morgen die Augen auf und nehme wahr, dass es regnet: »Mist. Schlechtes Wetter.« Schlagartig verdüstert sich meine Laune wie das Wetter. Wäre ich eine Bäuerin und lebte in einer trockenen Gegend, würde ich sagen: »Hurra, endlich Regen!« und mich freuen. Es ist nicht der Regen, der für meine Laune verantwortlich ist, sondern die Art, wie ich den Regen für mich bewerte.

Wenn unser/e Lebenspartner/in sich ins Auto setzt und wegfährt, können wir auf viele verschiedene Arten emotional darauf reagieren. Je nachdem, welche Art Mensch ich bin, welche Vorgeschichte ich erlebt habe, und was meine psychologischen »Themen« und Grundschmerzen sind, kann ich mit folgenden Gefühlen darauf reagieren:

1. TRAURIGKEIT: Fühle mich verlassen, einsam, unsicher, ruhelos, bis er zurück ist. Weil ich unbewusst denke: »Oh je, vielleicht verlässt er mich. Er wird jemanden

treffen, der ihm besser gefällt als ich, oder er wird draußen ohne mich etwas Schönes erleben, und auf einmal
bin ich nicht mehr wichtig für ihn und er liebt mich
nicht mehr ...«

2. FREUDE: Endlich allein. Ich dehne und strecke mich
und breite die Arme aus, tanze und singe. Oder hole
die Zigaretten aus dem Versteck. Denn ich bin identifiziert mit dem Gedanken »Wenn er (oder jemand be-
liebiges) bei mir ist, muss ich mich brav und ordentlich
benehmen und still sein. Ich darf auf keinen Fall laut
sein und mir Raum nehmen, sonst leidet der Andere,
fühlt sich gestört oder wird böse. Und ich bin wieder
schuldig, schlecht, werde verlassen, bestraft usw.«

3. NERVOSITÄT: Ich laufe unruhig auf und ab und rechne
ständig aus, wann er zurück sein müsste, weil ich mich
sorge. »Ihm könnte etwas passieren. Wenn er bis ...
nicht zurückkommt, fahre ich hinterher und suche ihn,
oder ich rufe die Polizei an ...« Unbewusst bin ich mit
dem Gedanken identifiziert, die Ungewissheit nicht aushalten zu können.

4. EIFERSUCHT: Ich bin neidisch, eifersüchtig oder fühle
mich herabgesetzt. »Warum darf er sich frei bewegen
und ich nicht?«

5. GLEICHMUT ODER GLEICHGÜLTIGKEIT: Ich beachte
seine Abfahrt nicht besonders und tue einfach, was ich
ohnehin tun würde, ob er nun bei mir ist oder nicht.
Sein Verhalten löst kein »Thema« in mir aus (= Gleichmut), oder ich empfinde ihm gegenüber das Gefühl von
Gleichgültigkeit.

6. VERBUNDENHEIT: Er freut sich über seinen Ausflug, und ich nehme Anteil an seiner Freude. Ich fühle mich ihm einfach verbunden, ob er nun physisch anwesend ist oder nicht. So reagiere ich nicht mit einer eigenen Emotion, es sei denn Verbundenheit ist nicht einfach der Zustand des offenen Herzens, sondern eine eigene Emotion, was es auch gibt.

Trauer, Freude, Unruhe, Eifersucht, Gleichgültigkeit oder Verbundenheit: es gibt so viele verschiedene Emotionen, mit denen Menschen auf ein- und dieselbe Tatsache reagieren können. Und es gibt noch viel mehr. Nicht die Tatsachen lösen unsere Gefühle aus, unsere Gedanken über diese Tatsachen sind es.

GEFÜHLE VON TATSACHEN
UNTERSCHEIDEN

Wir neigen dazu, Gefühle für Tatsachen oder für Objekte zu halten und nur diejenigen, die uns gefallen, behalten zu wollen, so wie man eine Handtasche oder eine Lieblingskette gern behält. Wir meinen dann, wir oder unser Leben seien nur in Ordnung, wenn wir uns wohl und glücklich fühlen, wenn wir in unserer Mitte sind, wenn wir friedlich, zufrieden oder vertrauensvoll, ausgeglichen, gleichmütig oder freudig sind, welches Gefühl wir auch immer für den einzig wertvollen Zustand halten.

Aber damit distanzieren wir uns von der Wahrheit und vom Pfad der Wahrnehmung. Wir sind dann mit der Idee identifiziert, dieses Gefühl sei einzig in Ordnung und andere Gefühle nicht. In Wirklichkeit sind Gefühle weder in

Ordnung noch nicht in Ordnung. Gefühle beschreiben einfach eine Art, sich zu fühlen, mehr nicht. Wir können sie bewusst fühlen oder unbewusst. Wenn wir sie bewusst fühlen, wissen wir, dass es sich um Gefühle handelt, die wir wahrnehmen. Identifizieren wir uns jedoch mit einem Gefühl, dann verleihen wir ihm den Charakter einer Tatsache. Und machen daraus etwas Bleibendes: »Ich bin glücklich«, oder: »Das ist demütigend für mich.«

Ein Gefühl ist ein inneres Erleben, das im nächsten Moment einem anderen weicht. Es ist weder ein Objekt noch eine Tatsache wie Ungerechtigkeit, Glück oder Demütigung. Genauso wenig beschreibt ein Gefühl eine Eigenschaft unseres Wesens wie geliebt oder ungeliebt. Es ist mehr die Art, wie ich einen Gedanken seelisch und körperlich erlebe, wie ich »mich« fühle, also meinen Körper spüre, während ich mit diesem Gedanken identifiziert bin.

Es gibt nicht das Glück als Tatsache, die Demütigung als Realität, die Schuld als etwas, das untrennbar zu mir gehört. Ich kann mich glücklich fühlen, mich gedemütigt fühlen, mich schuldig fühlen – weil ich dementsprechend denke, die Dinge dementsprechend interpretiere.

GEFÜHLE »FÜHLEN«

UND NICHT ERLEIDEN

Unsere Gefühle werden also von unserer Art zu denken erzeugt, und davon wie wir eine Situation beurteilen. Ebenso wie wir mit unseren Gedanken identifiziert sind, sind wir es auch mit unseren Gefühlen. Wir »sind« traurig, wütend, verliebt oder was auch immer. Dadurch sind wir in unserer Wahrnehmung der Dinge nicht mehr neutral. Wir nehmen sie aus der eingeschränkten Perspektive der Wütenden, Traurigen oder Verliebten wahr. Und unser Gefühl nehmen wir dabei auch nicht wahr, denn wir empfinden es nicht, wir »sind« es ja. Es beherrscht uns.

Ebenso wie wir Gedanken bewusst, neutral und ohne mit ihnen identifiziert zu sein, wahrnehmen können, können wir auch Gefühle bewusst wahrnehmen.

Beispielsweise: »Aha, da ist dieses Gefühl.« »Aha, so fühle ich mich. Interessant. Das möchte ich mal näher erforschen.« »Aha, so ist es, sich so zu fühlen.«

Ein Gefühl wahrzunehmen bedeutet mehr, als es aus der Distanz zu beobachten. Ein Gefühl nimmt man wahr, indem man es »fühlt« – aber eben bewusst, und in dem Wissen, dass es sich dabei um ein Gefühl handelt.

Um bewusst zu fühlen, müssen wir uns auf den Platz des Zeugen begeben und unseren Atem spüren. Wir müssen mit unserer Aufmerksamkeit im Körper anwesend sein, also uns körperlich spüren, um fühlen zu können. Nur wenn wir im Körper anwesend und wach sind, spüren wir unseren Atem, andernfalls bemerken wir ihn nicht mehr. Zugleich dient uns der Atem als Stütze, um bewusst zu bleiben, und uns nicht von dem wahrgenommenen Gefühl und unseren damit verbundenen Gedanken davontragen zu lassen.

ÜBUNG

GEFÜHLE ZU EINEM THEMA
BEWUSST SPÜREN

- Begib dich auf den Platz des Zeugen, indem du dir vornimmst, alles, was in deinem Innern auftaucht, bewusst und neutral wahrzunehmen.

- Denke an deine Ausgangssituation oder an die Situation, die dich gerade am meisten beschäftigt.

- Spüre deinen Atem.

- Empfinde deinen Körper.

- Begib dich in die Körperregion hinein, wo du eine besondere Reaktion auf deine Gedanken bemerkst.

- Nimm den Gedanken an dein Thema und zugleich deinen Körperzustand bewusst wahr. Erlebe den Zustand deines Körpers als deinen eigenen Zustand. In der Tat ist dies dein eigener Zustand, dein Gefühl, das sich körperlich ausdrückt. Was ist das für ein Gefühl?

- Lenke deine Aufmerksamkeit darauf, wie du dich in diesem Körperzustand und bei diesen Gedanken fühlst.

- Erkennst du das Gefühl? Wie heißt es?

- Lerne es kennen, fühle es bewusst. Erlaube ihm, sich auszubreiten. Bleibe dir jedoch der Tatsache bewusst, dass es ein Gefühl ist, das du gerade wahrnimmst, und spüre deinen Atem.

ÜBUNGSVARIANTE

- Nimm den Platz des Zeugen ein, indem du alles, was in deinem Innern auftaucht, bewusst und neutral wahrnimmst.

- Denke an deine Ausgangssituation oder die Situation, die dich im Moment beschäftigt.

- Spüre deinen Atem.

- Beobachte deine Gedanken, und lenke deine Aufmerksamkeit auf ein Gefühl, das sich in ihnen ausdrückt.

- Lerne dieses Gefühl kennen und nimm dabei wahr, wie es sich körperlich anfühlt. Erforsche, wie es ist, sich so zu fühlen.

Ein Gefühl bewusst wahrzunehmen oder mit ihm identifiziert und von ihm beherrscht zu sein, ist ein gewaltiger Unterschied. Wütend zu sein, ist ein erbärmlicher, leidvoller und (selbst-)zerstörerischer Zustand, in dem ich außer mir bin. Meine Wut bewusst zu fühlen, gibt mir jedoch Kraft, Klarheit und Würde.

GEFÜHLE GEHÖREN
INS HERZ

Wenn wir beginnen, ein Gefühl bewusst wahrzunehmen, es also mit unserem Atem und unserer Aufmerksamkeit berühren und wirklich erleben, dann schaltet sich eine weitere Ebene ein: das Herz. Das Herz ist der fühlende Kern unseres Wesens. Ich habe oft versucht, das Herz zu beschreiben[3], aber eigentlich entzieht es sich einer Beschreibung. Unser Herz ist eher der Kern unseres Selbst als etwas, das wir von außen wahrnehmen können. Worte können nur die Erinnerung an das wahre Wesen unseres Herzens wecken, und wenn es die richtigen Worte sind, können sie uns in Kontakt mit dem Herzen bringen; wirklich beschreiben können Worte es jedoch nicht.

Unser Herz kann fühlen und mitfühlen, ohne sich mit den Gefühlen zu identifizieren. Etwas zu fühlen bedeutet, es unmittelbar wahrzunehmen, ohne Vermittlung der Sinnesorgane und ohne Interpretation der Gedanken. Sein Herz einem Gefühl zu öffnen, heißt zuzulassen, dieses Gefühl zu erleben, ohne damit identifiziert zu sein. Ich »fühle« das Gefühl, und kann es daher automatisch verstehen, anerkennen und so achten, wie es ist. Das nennt man »ein offenes Herz für dieses Gefühl haben«.

Vor gewissen Gefühlen verschließen sich unsere Herzen jedoch. Das sind Gefühle, vor denen wir Angst haben. Angst, sie könnten uns schädigen, verletzen, vernichten, überschwemmen oder ähnlich Schlimmes tun. Es gibt verschiedene Möglichkeiten, sein Herz vor einem Gefühl zu verschließen: durch Ignoranz oder Verleugnung, durch Verachtung, durch Verbot (»so etwas darf es nicht geben«, oder »so darf ich nicht fühlen«), durch Unverständnis (»für so etwas habe ich kein Verständnis«), oder indem ich es einfach nicht fühle.

Wenn ich nun mein Herz für dieses Gefühl wieder öffnen will, so muss ich dieses Verschließen rückgängig machen. Ich muss denselben Schlüssel benutzen, ihn jedoch andersherum drehen. Dafür muss ich dem Gefühl das geben, was ich ihm bisher verweigert habe, nämlich Anerkennung oder Erlaubnis, Verständnis, Achtung oder Mitgefühl. Das ist jedoch eine innere Aktivität, eine Manipulation sozusagen, die sich als schwierig erweisen kann.

Ich kann das aber auch statt durch Tun durch Wahrnehmen erreichen. Wenn ich meine Aufmerksamkeit auf ein Gefühl richte und es bewusst »fühle«, und bei diesem Fühlen lange genug verweile, werde ich bemerken, wie mein Herz von diesem Gefühl berührt wird und sich öffnet. Spüre ich genauer hin, kann ich wahrnehmen, dass es sich durch eine bestimmte Regung öffnet, zum Beispiel durch Verständnis, Achtung, Mitgefühl oder einen der anderen Herzensschlüssel, die ich in den ersten Übungen von Teil II aufgelistet habe.

Wenn ich diesen Vorgang beschleunigen möchte, kann ich mich auch einfach fragen, was dieses Gefühl von meinem Herzen braucht. Wenn ich die Schlüsselworte (Wahrnehmung, Anerkennung, Erlaubnis, Achtung, Verständnis, Mitgefühl, Erbarmen, Raum und Fühlen) durchprobiere, kann ich genau wahrnehmen, was dieses Gefühl braucht. Passt der Schlüssel, werde ich eine Reaktion beobachten, beispielsweise Erleichterung, Erschütterung oder das Gefühl, dass sich etwas zurechtrückt. Das ist ein Zeichen dafür, dass das Herz sich geöffnet hat und von diesem Gefühl berührt wurde.

Ist mein Herz einem bestimmten Gefühl gegenüber verschlossen, und begegnet mir dieses Gefühl in mir selber oder einem anderen Menschen, dann werde ich versuchen, mich davor zu schützen. Ich werde ihm auf keinen Fall Raum geben, sondern mit Wut oder einer anderen abwehrenden Emotion reagieren oder flüchten. Ich könnte auch versuchen, meine Aufmerksamkeit oder die der betreffenden Person auf etwas anderes zu lenken, indem ich etwa das schwierige Gefühl mit einem Lächeln oder einem Witz überdecke.

Wenn mein Herz für ein Gefühl offen ist, kann ich dieses einfach fühlen oder mitfühlen, mit Achtung und Verständnis, ohne mich damit zu identifizieren und ohne mich dagegen zu wehren. In diesem Zustand des offenen Herzens bin ich übrigens auch nicht verletzlich. Viele Menschen verschließen ihr Herz, weil sie die Erfahrung gemacht haben, zurückgewiesen, gedemütigt, verraten oder kritisiert worden zu sein, nachdem sie ihr Herz geöffnet hatten.

Bei näherem Nachfragen stellt sich dann allerdings heraus, dass sie nicht wirklich ihr Herz geöffnet, sondern versucht hatten, sich so zu verhalten, als sei es offen. In Wirklichkeit waren sie im betreffenden Moment noch mit eigenen Emotionen identifiziert, wie Kränkung, Wut, Angst, die sie jedoch übergangen hatten. Anstatt ihr Herz ihrem eigenen Gefühl zu öffnen und dieses mit Mitgefühl, Achtung und Verständnis wahrzunehmen, haben sie versucht, dem anderen Menschen in einer unechten Haltung von Verständnis oder Offenheit zu begegnen.

Wir strahlen jedoch aus, was wir wirklich fühlen, und nicht das, was wir vorgeben zu fühlen. Im Allgemeinen reagieren die Menschen auf das wirkliche Gefühl, das sie in uns wittern. Wenn ich auf meinen Mann wütend bin, jedoch die Wut beiseiteschiebe, anstatt sie zu fühlen, und dann zum Zeichen der Versöhnung die Hand nach ihm ausstrecke, muss ich mich nicht wundern, wenn er sie ausschlägt. In Wirklichkeit gehe ich nämlich nicht offenen Herzens auf ihn zu, sondern mich beherrscht eine Angst, beispielsweise die Angst, ihn zu verlieren. Aus der heraus übergehe ich meine Wut und spiele Versöhnung.

Ganz anders verläuft die Sache, wenn ich mein Herz öffne. Ich nehme dann meine Wut bewusst wahr, spüre zum Beispiel, dass sie Verständnis und Achtung braucht. Darauf tritt sie zur Seite und erlaubt dem Schmerz, auf den sie sich bezieht, sich zu zeigen. Vielleicht kommen mir dann die Tränen, weil ich merke, wie verletzt ich mich in Wirklichkeit gefühlt habe. Wenn ich diese Verletzung bewusst als mein Gefühl wahrnehme (anstatt als Tatsache), ist mein Herz offen. Nun bin ich nicht mehr identifiziert mit: »Ich bin wütend, weil du so gemein bist«, sondern ich habe mein Herz einem alten Schmerz geöffnet, den die andere Person in mir nicht erzeugt, sondern nur berührt hat. Ich nehme meine Gefühle als meine Gefühle wahr. Was zur Folge hat, dass ich seine Gefühle als seine Gefühle wahrnehmen kann und keine Vermischung und Verstrickung mehr stattfindet.

Wenn ich nun auf ihn zugehe, bin ich wirklich offen. Dann kann ich wahrnehmen, wie es ihm geht, anstatt in meine eigenen Gedanken und Gefühle eingesperrt zu sein.

Im Allgemeinen reagieren Menschen auf ein wirklich offenes Herz ebenfalls mit Offenheit.

Manche Menschen meinen, mit verschlossenem Herzen sei man sicherer. Aber das Gegenteil ist der Fall. Wenn ich mein Herz verschließe, bin ich mit der Angst vor einem bestimmten Gefühl identifiziert, meine mich davor schützen zu müssen, weil ich es mit einer Tatsache verwechsle – und genau das macht mich sehr empfindlich.

BEISPIEL: JOSINA HASST KRITIK

Josina kann es nicht ertragen, kritisiert zu werden. Sie reagiert darauf mit Wut und Zurückweisung. Mit diesen Reaktionen versucht sie sich vor dem Schmerz zu schützen, den Kritik in ihr auslöst. Unbewusst hält sie diese Kritik für etwas, wovon sie vernichtet wird.

Weil sie Vernichtung für eine Tatsache hält, wehrt sie sich dagegen, dass dieser empfindliche Punkt berührt wird. Daher ist sie in dieser Hinsicht extrem verletzlich.

Dieses Schutzmanöver nutzt ihr allerdings wenig, denn die Verletzung entsteht genau dadurch, dass sie »Vernichtung« nicht fühlt, sondern für eine Tatsache hält und versucht, sie von sich fernzuhalten.

Was schützt, ist jedoch nicht Abwehr, sondern bewusste Wahrnehmung. Josina muss das Gefühl von Vernichtung als solches erkennen und bewusst fühlen. Dann verwechselt sie es nicht länger mit einer Tatsache, und sie ist mit ihrer Aufmerksamkeit bei sich, statt außer sich. Solange sie meint, von Kritik vernichtet zu werden, muss sie ständig aufpassen, nicht kritisiert zu werden, und das macht sie schwach und angreifbar. Erkennt sie jedoch Vernichtung als Gefühl, so hört sie auf zu glauben, Kritik könne sie vernichten. Sie kann sie dann einfach zur Kenntnis nehmen und womöglich sogar aus ihr lernen und dafür dankbar sein.

Wenn ich mich bedroht fühle und dieses Gefühl nicht bewusst wahrnehme, scheint Bedrohung unterschwellig einer Tatsache zu entsprechen. Eben das macht mich unsicher, schreckhaft, zerstreut und gerade dadurch bedroht.

Nehme ich jedoch das Gefühl von Bedrohung bewusst als mein Gefühl wahr, so bin ich bei mir, zentriert, aufmerksam, und genau durch diese bewusste Aufmerksamkeit geschützt.

Beispiel: Nadine und das Trampolin

Nadine hat einen anstrengenden Beruf, der ihr wenig Raum für Vergnügungen lässt. Eines Tages merkt sie, dass sie es satt hat, immer nur diese anstrengenden Dinge zu tun, und beschließt, dem wilden Kind in ihr eine Freude zu bereiten. Sie steigt also auf ein großes Trampolin und tobt darauf herum. Am Anfang hat sie Angst, aber Nadine nimmt diese ganz bewusst nicht ernst, denn sie ist mit ihrer Sehnsucht nach Ausgelassenheit identifiziert. Sie verletzt sich bei einem unglücklichen Aufprall. Als sie den Vorfall im Nachhinein betrachtet, wird ihr klar, dass sie ihre Angst übergangen hat. Sie öffnet nun nachträglich ihr Herz für ihre Angst. Als wichtigster Herzensschlüssel erweist sich dabei »Beachtung«. Nadine stellt sich vor, wie alles verlaufen wäre, wenn sie dieser Angst Beachtung geschenkt hätte. Sie erkennt, dass dies sie geschützt hätte. Sie wäre ebenso fröhlich auf dem Trampolin herumgesprungen, jedoch mit mehr Achtsamkeit, und hätte sich nicht verletzt.

Es klingt paradox, ist aber wahr:

Wenn ich Angst habe, fürchte ich mich –
wenn ich Angst bewusst fühle, gibt mir das Schutz.

Wenn ich unsicher bin, bin ich unsicher –
wenn ich Unsicherheit bewusst fühle, verleiht mir
das Sicherheit.

Bewusstes Fühlen schützt und befreit uns von den quälen-
den falschen Identifikationen. Unser Herz zu öffnen beinhaltet jedoch mehr, als einfach bewusst fühlen zu können.

Die mystische Dimension
des Herzens

Einem Gefühl sein Herz zu öffnen, bedeutet eine höhere
Ebene einzuschalten. Es ist stets ein sehr schönes Erlebnis, ein Moment von Liebe, von Heilung. Man ist von der
Identifikation mit dem Gefühl kuriert, das einem so weh-
tat. Man fühlt sich geschützt durch die Liebe, die Achtung,
das Verständnis, die Anerkennung, das Mitgefühl seines
eigenen Herzens. Wobei »seines eigenen« nicht ganz
stimmt; denn das Herz hat eine geheimnisvolle Doppel-
natur, es ist ganz intim und persönlich und zugleich überpersönlich.

Indem wir unser Herz aktivieren und öffnen, bereichern
wir unser Erleben um eine mystische Dimension, die
Tiefe, Schönheit, Liebe, die grundsätzliche Achtung vor
allem Fühlenden und Lebenden und die Ahnung einer

höheren, einer himmlischen Wirklichkeit mit sich bringt. In dieser sind wir übrigens eigentlich zu Hause. Denn was wir in unserem Herzen sind, sind wir wirklich, alles andere ist aufgesetzt. Im Herzen wohnt unsere Wahrheit, unsere Sehnsucht, unsere Liebe, wohnen unsere tiefsten Gefühle. Das Herz ist unser inneres Heiligtum. Manche Menschen offenbaren viel von diesem innersten Kern, sie »öffnen ihr Herz« und teilen seinen Inhalt mit anderen. Andere verschließen ihr Herz sorgfältig und lassen niemanden hineinschauen. Mystiker oder tief religiöse Menschen teilen den Inhalt ihres Herzens mit Gott. Das ist, was wir Gebet nennen. In Gott vermuten wir die überpersönliche Instanz, der eigentlich unser Herz gehört. Wir denken das insofern, als mit unseren tiefsten Emotionen des Herzens, der Sehnsucht und der Liebe, etwas in uns hineingelegt wurde, was wir nicht selber erzeugen können.

An dieser Stelle möchte ich eine Inspiration zum Thema Herz wiedergeben:

Dein Herz ist dein Zentrum. Dein Innerstes, Intimstes, Geheimstes, dein Heiligtum. Auf alles kannst du verzichten, und wirst du irgendwann verzichten, aber niemals auf dein Herz. Solange dein Herz lebt, lebst du. Solange dein Herz schlägt, ist das Leben in dir präsent. Zu leben heißt teilzuhaben am Leben, an dem einen Leben, das uns alle verbindet. Teilzuhaben bedeutet erleben, und erleben bedeutet fühlen. Solange du fühlst, erlebst du, nimmst du teil, bist du lebendig.

Wie viel Leben erträgst du? Für wie viel Leben kannst du dich öffnen, für wie viel Erleben, für wie viel Gefühl? Die Kapazität deines Herzens wächst mit deiner Bereitschaft, dich zu öffnen, mehr zu erleben, mehr teilzuhaben. Mehr zu erleben, mehr teilzuhaben meint nicht (unbedingt), öfter ins Konzert zu gehen oder mehr Zeitung zu lesen oder im Internet zu surfen. Es zielt darauf, mehr wahrzunehmen, mehr zu fühlen. Es bedeutet, dich deinen Mitmenschen, den Tieren, den Pflanzen, den Elementen zu öffnen, dich von ihrem Wesen berühren zu lassen und dich deinerseits ihnen mitzuteilen, denn sie machen einen Teil deiner Realität aus.

Du hältst dein Herz sorgfältig verschlossen, weil du Angst hast, etwas von deinem Inneren könne nach außen dringen; und etwas von dem, was außerhalb ist, könne eindringen und dich schädigen. Je mehr du es aber verschlossen hältst, desto verkrampfter, fester, härter, steinerner wirst du und desto weniger Leben fließt in dir und durch dich.

Öffne dein Herz, sei wieder und wieder bereit, dich berühren zu lassen, dich von eigenen und fremden Gefühlen durchdringen zu lassen, an allem teilzuhaben. Du wirst erleben, wie dein Blut und deine Energie freudiger in deinen Adern fließen. Atme! Atme, fühle und lebe, und du findest Erfüllung, denn du erfüllst den Zweck, zu dem du geboren bist.

Wie öffnet man sein Herz? Manche meinen, ein offenes Herz bedeute, grundsätzlich ein liebes Verhalten an den Tag zu legen, hieße alles zu akzeptieren, was Andere tun oder sagen, sich selbst aufzuopfern und sich zu benehmen, als sei alles ganz wundervoll.

Ein solches Verhalten hat aber meistens nichts mit einem offenen Herzen zu tun, sondern mit Ängsten, Schuldgefühlen und dem Wunsch, geliebt, anerkannt, für gut befunden zu werden oder ähnlichen unbewussten Wünschen.

Es ist jedenfalls nicht der Weg zu einem offenen Herzen, sondern führt oftmals zum Gegenteil.

Ich will versuchen zu beschreiben was ein offenes Herz wirklich bedeutet.

Das Herz ist mein fühlender Kern. Wenn ich in diesem fühlenden Kern zentriert bin, begegne ich jedem Menschen, jedem Wesen, jedem Element der Natur von Herz zu Herz, nicht als Objekt meiner Wahrnehmung, meiner Begierde oder meiner Abneigung, sondern als Gegenüber. Ich kann fühlen, was den Anderen bewegt. Ich erlebe sein Gefühl in meinem eigenen Herzen, meinem fühlenden Kern, ohne es mit meinem eigenen zu verwechseln. Da ich es erlebe (»mitfühle«), verstehe und achte ich es automatisch.

Die Folge davon ist: Wie auch immer ich diesem Menschen gegenüber handle, in meinem Innern verstehe und achte ich, was er fühlt. Welches Verhalten ich jedoch im Einzelnen an den Tag lege, wird davon bestimmt, worum es jeweils gerade geht, was meine Absicht ist, und welches Handeln mir angemessen erscheint. So kann ich liebevoll oder distanziert, respektvoll oder neutral, weich oder hart sein.

Wenn wir uns in einem Zustand befinden, in dem unser Herz (überwiegend) verschlossen ist, so herrscht die Angst über uns, und unser Interesse gilt nur uns selber. Selbst wenn wir uns freundlich, liebevoll oder aufopfernd verhalten, geschieht dies nicht aus echtem Mitgefühl oder Interesse für Andere, sondern vielmehr aus Ängsten und Sehnsüchten heraus, die uns unbewusst beherrschen.

Menschen, die ein (überwiegend) offenes Herz haben, zeichnen sich dadurch aus, dass sie ein waches Interesse am Wohlbefinden Anderer haben; dass ihr Horizont mehr umschließt als ihr eigenes Interesse[4]. Sie haben nicht so viel Angst vor bestimmten Gefühlen und müssen sich daher nicht verschließen. Sie können sich den Nöten und Sehnsüchten ihrer Mitmenschen öffnen, ohne etwas für sich selber zu befürchten.

Jedoch glaube ich, dass in spirituellen und christlichen Kreisen ein großer Fehler gemacht wird, wenn dort der Eindruck erweckt wird, man solle oder müsse zu solch einem Menschen werden. Genau damit verschließen wir wieder unser Herz. Der einzige »funktionierende« Weg zum offenen Herzen, den ich gefunden habe, besteht darin, unsere eigenen Gefühle bewusst wahrzunehmen und ihnen das zu geben, was wir ihnen bisher verweigert haben: die Anerkennung, dass sie existieren; die Erlaubnis, da sein zu dürfen; das Verständnis dafür, dass sie da sind; die Achtung und Beachtung, die sie brauchen. Auf diese Weise erlösen wir sie aus der Verbannung und öffnen ihnen unser Herz.

Nun sind wir in der Lage, uns diesen Gefühlen zu öffnen, wenn sie uns von außen entgegenkommen, uns im Mitmenschen begegnen. Für diese Gefühle ist dann unser Herz offen. Für andere Gefühle bleibt es weiterhin verschlossen, bis wir diese auch bewusst bemerken und sie ebenfalls in unser Herz nach Hause holen.

Die beste Gelegenheit, unser Herz zu öffnen, ist immer dann gegeben, wenn wir auf ein Gefühl stoßen, vor dem wir uns verschließen. Genau das ist immer dann der Fall, wenn wir mit irgendeiner Angelegenheit ein Problem haben. Deshalb ist ein Problem ein sehr geeigneter Ausgangspunkt für den Weg zum Herzen.

ÜBUNG

SEIN HERZ ÖFFNEN FÜR DIE GEFÜHLE, DIE MIT EINEM PROBLEM VERBUNDEN SIND

- Denke an deine Ausgangssituation oder eine andere dir bedeutsame Situation oder an den Menschen, mit dem du ein Problem hast.

- Begib dich auf den Platz des Zeugen, indem du dir vornimmst, alles, was in deinem Innern auftaucht, bewusst und neutral wahrzunehmen.

- Spüre deinen Atem.

- Verweile in Gedanken bei der Situation oder Person.

- Nimm den Körperzustand wahr, der mit diesen Gedanken und Bildern verbunden ist. Spüre ihn. Erlebe ihn ganz bewusst, während du weiterhin deinen Atem wahrnimmst.

- Entdecke das Gefühl, das sich darin ausdrückt und verbirgt, indem du deine Aufmerksamkeit darauf lenkst, wie du dich fühlst.

- Lerne dieses Gefühl kennen und fühle es bewusst.

- Frage dich, was dieses Gefühl von deinem Herzen braucht, und probiere folgende Schlüsselworte durch.

Will dein Gefühl von deinem Herzen:

– wahrgenommen werden?

– Anerkennung?

– Erlaubnis (da sein zu dürfen)?

– Verständnis?

– Achtung?

– Mitgefühl?

– Erbarmen?

– Raum?

– bewusst gefühlt werden?

– als Gefühl wahrgenommen werden
(und nicht als Tatsache)?

Nun hast du dein Herz für ein Gefühl geöffnet, das dich in deiner problematischen Angelegenheit beherrscht hat. Wenn du nun wieder an die Situation denkst, und dabei das neu entdeckte Gefühl bewusst und mit dem passenden Herzensschlüssel wahrnimmst, wirst du eine Veränderung bemerken. Dein Verhältnis zu dem Gefühl, deine Sichtweise, deine Haltung haben sich verändert.

Wenn du das Bedürfnis verspürst, deinem Problem weiter oder ganz auf den Grund zu gehen, kannst du die Übung wiederholen – vielleicht nicht sofort, sondern zu einem späteren Zeitpunkt. Auf diese Weise werden nach und nach verschiedene Gefühle, die zu dem Problemkomplex gehören, ans Licht kommen, bis sich der ganze Knoten entwirrt und die Problematik sich aufgelöst hat. Später werde ich dazu noch weitere Schritte anleiten.

Selbst wenn wir lieben, bleibt unser Herz oft verschlossen

Bei den meisten von uns ist das Herz öfter verschlossen als offen, gerade den Menschen gegenüber, die wir lieben und die uns nahestehen. Sie rühren ja ganz besonders an unsere verborgenen seelischen Wunden.

Solange wir diese noch nicht als Gefühle entdeckt haben, sondern sie insgeheim für Tatsachen halten, werden wir uns immer dann, wenn einer unserer Lieben daran rührt, verschließen und mit negativen Emotionen reagieren. Übrigens kann sogar »Liebe« ein Gefühl sein, das uns von der inneren Realität des geliebten Menschen trennt, nämlich dann, wenn wir uns von der Emotion Liebe beherrschen lassen, anstatt sie bewusst als unser Gefühl wahrzunehmen. Wenn mein Handeln von meiner »Liebe« getrieben wird, kann es völlig an der Realität und den wahren Bedürfnissen meines Geliebten vorbeigehen. Ich kann sogar für diese völlig blind sein, da ich von einer Emotion hypnotisiert bin, die ich mit wahrer Liebe verwechsle.

Ich setze diese Liebe in Anführungszeichen, denn wahre Liebe ist keine Emotion. Sie ist ein Zustand, in dem das Herz offen, aktiv, berührbar und in Kontakt ist. Liebe geschieht zwischen zwei Menschen und nicht in einem von ihnen. Ihr voraus geht die Bereitschaft, aus dem Kokon seiner Ichbezogenheit, dem Gespinst seiner Emotionen herauszutreten und sich zu öffnen.

Es ist allerdings gefährlich, diese Liebe zum Ideal zu erheben. Sie widerfährt uns eher, als dass wir sie erzeugen können. Immer wenn wir etwas zum Ideal erheben, laufen wir Gefahr, uns selbst dafür zu verurteilen, wenn wir diesem Ideal nicht entsprechen. Wir riskieren dann unser Herz vor unseren eigenen Gefühlen, unserer Angst, unserem Zorn, unserem Trotz zu verschließen, womit wir dann bei dem Gegenteil dessen landen, was wir uns ursprünglich gewünscht haben.

Dennoch sind Ideale wichtig. Eigentlich sind sie Wegweiser zu einem Teil unseres Selbst, der sich entwickeln möchte. In Wirklichkeit ist das Ideal nicht außerhalb von uns, sondern schon in uns vorhanden. Es ist aber nach außen hin noch unentdeckt geblieben und hat sich nicht entfalten können. Wo es ein Ideal gibt, existiert auch eine Sehnsucht.

Der leichteste Weg, dieses Ideal ins Leben zu bringen, besteht darin, die Sehnsucht danach bewusst zu fühlen und ins Herz zu holen. Wir können dann im Geist auf den Flügeln dieser Sehnsucht zu ihrem Ziel reisen, um das Gefühl kennenzulernen, das uns dort erwartet – und immer schon in uns vorhanden war, ohne dass wir es wussten.

Es ist nicht mein oder dein Gefühl – es ist ein Gefühl

Was jetzt folgt, ist wieder schwer in Worten zu vermitteln. Du wirst es vielleicht besser nachvollziehen können, wenn ich den inneren Dialog wiedergebe, aus dem diese Erkenntnis hervorgegangen ist. Eine Erkenntnis, die mal wieder ganz unscheinbar daherkommt, aber einen wichtigen Schlüssel zu einer neuen Stufe des Verstehens und des Herzöffnens bereithält.

Ich gebe nun den Dialog mit meiner inneren Stimme wieder, in dem diese Erkenntnis entstand. Meine Ausführungen sind gerade, die Antworten meiner inneren Stimme zum besseren Verständnis kursiv gesetzt.

Die Vorgeschichte ist ein Vorfall, der mich überfallartig einer starken körperlichen Belastung aussetzte, die sofort eine enorme Wut auslöste. Ich war außerstande, diese Wut in der üblichen Bewusstheit wahrzunehmen. Ich rief eine höhere Dimension zu Hilfe.

Wut.

Ja. Wut. Habe schon versucht, sie bewusst zu fühlen.

Ja. Aber du hast es falsch verstanden. Es ist nicht deine Wut. Es ist Wut, die du fühlst. Nicht deine.

Wessen denn?? Wenn nicht meine?

Weder deine noch die von jemand anderem. Wut gehört niemandem. Außer wenn jemand sich damit identifizieren will. Verstehst du?

Ja. Das hilft mir sehr. Das öffnet mir das Herz für diese Wut. Da taucht sofort Erbarmen, Mitgefühl und Verständnis auf. Nun kann ich sie auch bewusst fühlen.

Solange ich dachte, es ist meine Wut, ging das nicht. Jetzt, da ich weiß, es ist Wut, geht das ganz leicht. Danke. Das war sehr wichtig.

Unter der Wut nehme ich ein großes Leid wahr.

Wer leidet?

Mein Körper.

Wer leidet?

Ich. Ich leide.

Wessen Leid ist das?

Aha. Ich soll auch hier die neue Erkenntnis anwenden: Es ist nicht mein Leid, es ist Leid, und ich kann es wahrnehmen. Ich spüre, dass dies eine große Erkenntnis ist. »Leid« steht sozusagen für das allgemeine Leid. Es ist ein universelles oder allgemein menschliches Gefühl, was nicht aufteilbar ist wie ein Kuchen, »ein Stück für dich, ein Stück für mich«, sondern es ist immer der ganze Kuchen. Das Leid gehört niemandem und doch allen … und ich kann es fühlen.

Diese Erkenntnis berührt mein Herz sehr stark.

Danach taucht der Schrei nach Erlösung auf. Auch ihn nehme ich jetzt nicht mehr als »meinen« Schrei wahr, sondern als den Schrei nach Erlösung – ein globales, universelles, allgemeines Gefühl. Als solches erkannt, berührt er sofort mein Herz. Ich spüre, was er braucht: Gehör. Erbarmen. Verständnis. Achtung.

In ihm verborgen war die Sehnsucht nach Erlösung, die ich jetzt fühle, und zwar einfach als Sehnsucht – statt als meine Sehnsucht.

Ich gehe dann noch einen Schritt weiter und schaue das Ziel dieser Sehnsucht an: Ich stelle mir vor, wie es wäre, vom Leid erlöst zu sein.

Erlöst vom Leid, geschafft, habe es hinter mir.

Ich erforsche dieses Gefühl: Es heißt Freiheit. Befreit sein. Auch das ist also nicht mein Gefühl, sondern ein Gefühl, das ich kennenlerne. Dieses Gefühl will wahrgenommen, gesehen, gefühlt werden. Es braucht Anerkennung. Raum.

Bin tief bewegt über die große Erkenntnis.

Es ist nicht mein Gefühl.

Es ist ein Gefühl. Und ich öffne mein Herz dafür und lerne es kennen.

Danke!

Vergiss es nicht, wenn die Wut dich wieder übermannt. Es ist nicht deine Wut. Es ist Wut.

•••

Auch unsere allerpersönlichsten Gefühle sind in Wirklichkeit nichts Persönliches. All unsere Gefühle sind unteilbare universelle Erlebnisqualitäten, die einfach zum Menschsein gehören. Durch unser Leben haben wir teil an ihnen. Wie wir an ihnen teilhaben und sie fühlen, ist individuell – je nach Schicksal, Interpretation und Erkenntnisgrad. Das Gefühl selber jedoch ist nicht individuell. Es gehört uns nicht. Es ist universell wie eine Farbe. Wenn ich etwas Gelbes sehe, sage ich nicht »das ist mein gelb«, sondern »das ist gelb«.

Diese neue Perspektive ist wieder etwas, das du selber entdecken musst. Wenn du nur darüber liest, sagt es dir vermutlich nicht allzu viel. Anhand eines akuten eigenen Gefühls jedoch kannst du sie für dich selbst anwenden. Wenn es dir so geht wie mir, wird sich dabei eine Art Erwachen einstellen und ein völlig neues Verhältnis zu deinen Gefühlen. Und dein Herz wird sich künftig schneller und weiter öffnen können als zuvor.

ÜBUNG

ES IST NICHT MEIN GEFÜHL,
ES IST EIN GEFÜHL

- ❧ Denke an deine Ausgangssituation oder an ein anderes unliebsames Problem oder Thema.
- ❧ Begib dich auf den Platz des Zeugen, indem du die auftauchenden Gefühle und Gedanken bewusst und ohne dich mit ihnen zu identifizieren wahrnimmst.

❧ Spüre deinen Atem.

❧ Vergegenwärtige dir die Situation, um die es geht, und lenke dann deine Aufmerksamkeit auf deinen Körper. Wo spürst du etwas Besonderes? Vertiefe dich in diese besondere Körperempfindung, bis du das Gefühl entdeckst, das sich darin verbirgt und ausdrückt.

❧ Richte deine Aufmerksamkeit auf dieses Gefühl.

❧ Spüre und erlebe deinen Atem bewusst.

❧ Sage dir jetzt: Dies ist nicht <u>mein</u> Gefühl, es ist <u>ein</u> Gefühl.

Formuliere diesen Satz so, dass du den Namen des Gefühls einsetzt, wie: »Dies ist nicht meine Trauer – es ist Trauer. Dies ist nicht meine Wut – es ist Wut.« Mache dir bewusst, dass dies ein universelles Gefühl ist, das von allen Menschen geteilt wird, ein allgemeines Gefühl, an dem du auf deine Weise teilhast.

❧ Wenn du dich nun fragst, was dieses Gefühl von deinem Herzen braucht, meinst du mit dieser Frage nicht dein persönliches Gefühl, sondern dieses allgemeine Gefühl.

❧ Öffne dein Herz für das (universelle) Gefühl.

Spürst du, was für einen großen Unterschied es macht, ob du ein Gefühl als deines oder als allgemeines/universelles erlebst? Auf mich wirkt diese Praxis aufweckend, herzöffnend, berührend und entlastend zugleich.

Wie mit allen anderen Übungen auch, müssen wir uns immer wieder daran erinnern. Es ist nicht damit getan, es einmal zu üben. Üben bedeutet dies immer wieder, immer öfter, immer mehr anzuwenden, bis es uns in Fleisch und Blut übergegangen ist und wir uns selber nicht mehr so persönlich nehmen.

Es ist ein großes Erlebnis, wenn wir nicht nur ein bestimmtes eigenes Gefühl, sondern auch die gesamte Sammlung von Gedanken und Gefühlen, die wir als »ich« betrachten, als überpersönlich erleben – ohne uns damit zu identifizieren. Es befreit enorm.

HANDWERKSZEUG AUF UNSEREM WEG ZUM ENTSCHEIDENDEN SCHRITT

Kommen wir wieder zurück zu unserer Schritt-für-Schritt-Reise. Du hast nun dein Handwerkszeug für den Weg zusammen:

- Du hast gelernt, innerlich den Platz des Zeugen einzunehmen und deine Gedanken bewusst wahrzunehmen, anstatt dich mit ihnen zu identifizieren.

- Du hast geübt, in den körperlichen Reaktionen, die mit diesen Gedanken verbunden sind, die Gefühle zu entdecken, die du aus deinem Bewusstsein verdrängt hast und von denen du daher unbemerkt beherrscht werden konntest.

- Du kannst dein Herz nun auch für diese Gefühle öffnen.

Nun brauchst du noch ein wenig Information über die Topografie der Gefühle, sozusagen eine Landkarte. Dann kannst du dich auf den Weg machen, der dich letztendlich zu dem entscheidenden Schritt führen wird. Hier ist eine Übersicht über die Gefühlsschichten, auf die du unweigerlich stoßen wirst, sobald du einem deiner Themen auf den Grund gehst.

Wenn wir uns etwas wünschen, gibt es in uns eine Sehnsucht und einen Schmerz. Die Sehnsucht bezieht sich auf das Gewünschte, der Schmerz auf seine Abwesenheit.

Diesen Schmerz verwechseln wir unbewusst mit einer Tatsache, mit der wir identifiziert sind (»ich bin ...«), anstatt ihn als Gefühl zu erkennen. Von dieser Tatsache wollen wir natürlich nichts wissen, denn als Tatsache genommen, wäre sie für uns unerträglich. Daher wehren wir uns gegen sie, flüchten vor ihr oder verschließen uns, wenn wir mit ihr konfrontiert werden. Wir reagieren also mit negativen Emotionen wie Traurigkeit, Wut, Frustration, Bitterkeit, Aussichtslosigkeit usw.

Demnach gibt es, oberflächlich betrachtet, folgende Gefühlsschichten:

– Negative Emotionen.

– Schmerz.

– Sehnsucht nach dem Gegenteil.

Ein Beispiel zu den Gefühlsschichten

Erik wünscht sich eine Lebenspartnerin. Er sehnt sich schon seit Jahren nach einer Beziehung, bisher jedoch ohne Erfolg. Er reagiert darauf mit Trauer, Resignation,

Hilflosigkeit und Unverständnis. Wenn er ein wenig tiefer in sich schaut, dann auch mit Wut.

Sein Schmerz: Nicht gut genug zu sein.

Seine Sehnsucht: Wertgeschätzt zu werden.

ÜBUNG

ALLE EMOTIONALEN SCHICHTEN
EINES PROBLEMS WAHRNEHMEN

❧ Vergegenwärtige dir das Problem, das dir gerade zu schaffen macht.

❧ Nimm den Platz des Zeugen ein.

❧ Spüre deinen Atem.

❧ Beginne, deinem Problem auf den Grund zu gehen.

❧ Einige der negativen Emotionen, die damit einhergehen, hast du vermutlich in den vorigen Übungen bereits in dein Bewusstsein und dein Herz geholt.

❧ Vielleicht ist nun der Moment gekommen, tiefer zu schauen und dich zu fragen, auf welchen Schmerz sich diese Emotionen beziehen. Worüber bist du wütend, traurig, ärgerlich oder wovor hast du Angst? Was tut dir weh? Was schmerzt dich in Wirklichkeit an dieser Situation?

❧ Wie heißt dieser Schmerz? Heißt er etwa »ausgeliefert«, »verlassen/im Stich gelassen«, »gedemütigt/herabgesetzt«, »vernichtet«, »abgelehnt«, »verurteilt/schlecht«, »verraten/betrogen«, »Opfer von Unrecht«, »nicht gesehen«, »nicht wertgeschätzt«, »nicht geachtet« …?

❦ Spüre deinen Atem.

❦ Beginne, diesen Schmerz kennenzulernen.

❦ Mache dir bewusst, dass es sich um ein Gefühl handelt, und erlebe dieses bewusst.

❦ Frage dich, was es von deinem Herzen braucht.

❦ An der Stelle, wo der Schmerz auftaucht, meldet sich eventuell die Sehnsucht nach dem Gegenteil zu Wort. Und diese Sehnsucht möchte vielleicht zuerst wahrgenommen und ins Herz geholt werden, bevor du dich dem Schmerz öffnen kannst. Wende dich in diesem Fall erst der Sehnsucht zu und danach dem Schmerz.

❦ Formuliere diese Sehnsucht, wie etwa: »Ich sehne mich nach Wertschätzung«.

❦ Spüre sie im Körper, fühle sie bewusst und öffne dein Herz für sie.

❦ Nun, da sichergestellt ist, dass die Sehnsucht nach dem (positiven) Gegenteil in deinem Herzen Anerkennung findet (oder was auch immer sie sonst von dir braucht), bist du imstande, dich deines Schmerzes zu erbarmen und ihm ebenfalls dein Herz zu öffnen. Wie heißt er? Wie fühlt er sich an? Was braucht er von dir? Vielleicht gefühlt zu werden?

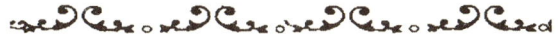

DIE IN UNSEREM LEBEN DERZEIT
WICHTIGSTE SEHNSUCHT ENTDECKEN

Die Qualität, die derzeit in deinem Leben danach drängt, an die Oberfläche zu gelangen, entdeckst du unter deinem aktuellen Problem. Ein Problem ist ein Umstand, den wir nicht akzeptieren, oder mit dem wir nicht fertig werden. Wir möchten ihn anders haben. So, wie er ist, ertragen wir ihn nicht, weil er einen Schmerz in uns auslöst, vor dem wir Angst haben (da wir ihn mit einer Tatsache verwechseln).

EINE LEIDIGE TABLETTEN-AFFÄRE:
MONIKA UND ANDREAS

Monika, 82 Jahre alt, ist seit Urzeiten chronisch krank. Ihr Mann, Andreas, ist einigermaßen fit, fährt noch Auto, besucht seine Stammkneipen, während Monika nicht mehr gut zu Fuß ist und zu Hause bleiben muss. Der Arzt hat ihr viele verschiedene Medikamente verschrieben, die sie zu verschiedenen Zeiten einnehmen muss. Er hat ihr eine kleine Box gegeben, in denen diese Medikamente in der Reihenfolge ihrer Einnahme sortiert sind. Eigentlich ist es problemlos, das Döschen mit der Aufschrift »Montagmittag« zu öffnen und die Pille für diesen Zeitpunkt herauszuholen. Aber Monika hat es nicht so leicht damit. Sie zittert ein wenig, und sie hat Angst, das falsche Döschen zu ergreifen oder die Pillen zu verschütten. Daher bittet sie Andreas, das für sie zu tun. Dieser jedoch hat wenig Lust dazu und ist der Meinung, dass sie das sehr wohl ohne seine Hilfe kann (was auch stimmt). So gibt es dreimal täglich eine Szene, die immer gleich abläuft. Monika: »Meine Pillen …«, Andreas: »Oh, jetzt kommt das wieder! Nimm sie dir einfach, lass mich damit in Ruhe!«. Monika jammert: »Ich will aber, dass du das für mich tust! Du weißt doch, welche Schwierigkeiten ich habe! Du sollst sie mir herausholen und in die kleine Glasschale legen.« Andreas knallt ihr schimpfend die Tablettenbox hin, sucht ihr widerwillig die richtigen aus, wirft sie in das Schälchen wie gewünscht. Je nach Laune flüchtet er auch fluchend und überlässt ihr das alleine.

Monika riskiert mit ihrem Jammern dreimal am Tag, von ihrem Mann, der ihrer Aussage nach der Sinn und das Licht ihres Lebens ist, angeschnauzt zu werden. Aus irgendeinem Grund ist es für sie ein unüberwindbares Problem, sich die Tabletten selber nehmen zu sollen. Was ist eigentlich so schlimm daran?

Monika behauptet, es sei wegen ihrer Angst, dabei zu stark zu zittern und die Pillen fallen zu lassen. Aber sie ist problemlos in der Lage, sich Wein in ein zerbrechliches Glas zu schütten und dieses zu leeren, ohne zu zittern. Bei dem Pillen-Drama geht es um etwas ganz Anderes – dass Monika sich nämlich nicht geliebt fühlt. Sie verwechselt »er teilt mir die Tabletten ein« mit »er liebt mich«.

Ungeliebt zu sein, tut weh. Egal, ob dieser Gedanke eingebildet ist oder tatsächlich zutrifft. Sie möchte diesen Schmerz nicht wahrnehmen. Sie weiß gar nicht, dass ihrem täglichen Drama ein Schmerz zugrunde liegt, also ein Gefühl. Sie denkt, es sei eine Tatsache, und die erscheint ihr so entsetzlich, dass sie diese auf gar keinen Fall wahrnehmen oder erleben darf. Deshalb kämpft sie darum, dreimal am Tag, diesen kleinen Liebesbeweis zu erhalten.

Andreas hat auch ein Problem. Dieses Theater geht ihm entsetzlich auf die Nerven. Warum muss er etwas tun, das sie selber tun kann? Was ist andererseits jedoch so schlimm daran, ihren Wunsch zu erfüllen und ihr eine Tablette aus der Dose zu holen und in ein kleines Glas zu legen, wie sie sich das wünscht? Warum muss er dreimal am Tag deswegen Krieg führen? Er holt ihr doch sonst auch alles: Speisen, Getränke, Besteck, Glas und Teller. Warum nicht die Tabletten?

Für Andreas ist es unerträglich, gegängelt zu werden. Das bedeutet für ihn, kein freier Mensch zu sein. Unfreiheit tut ihm weh. Er hält diese Unfreiheit für eine Tatsache, ohne zu bemerken, dass er sich anders als Monika völlig frei bewegen kann. Er kann sich einfach ins Auto setzen und wohin und wann er will losfahren. Diese Freiheit entgeht ihm, nur die Unfreiheit bemerkt er, an die er jedes Mal erinnert wird, sobald sie nach ihren Tabletten jammert. Und diese Unfreiheit erträgt er nicht. Er erkennt nicht, dass sie ein Gefühl ist, für ihn erscheint die Unfreiheit als Tatsache, daher wehrt er sich. Nähme er seine Gefühle bewusst wahr, so könnte er feststellen, dass die ihn quälende Unfreiheit ein Gedanke und ein Gefühl ist – und keine Tatsache.

Ebenso könnte Monika merken, dass »ungeliebt« ihr Gefühl beschreibt und keine Tatsache. Selbst wenn ihr Mann sie tatsächlich nicht lieben sollte (was aber nicht der Fall ist, er liebt sie innig, auch wenn sie ihm auf die Nerven geht), wäre deswegen »ungeliebt« nach wie vor ein Gedanke und ein Gefühl statt eine Tatsache. Monika ist nicht ungeliebt, Monika ist einfach Monika. Aber sie fühlt sich ungeliebt, das weiß sie nur nicht. Sie hält »ungeliebt« unbewusst für eine Tatsache, die ihr Wesen beschreibt.

Das ist unerträglich. Das darf nicht wahr sein. Deshalb kämpft sie. Genau darin besteht ihr Problem.

Die verschiedenen Gefühlsschichten,
die ein Problem bilden

Ein Problem besteht aus diesen verschiedenen emotionalen Schichten:

1. Wir wollen die Situation nicht haben, wie sie ist. In dieser oberflächlichen Schicht kommen verschiedene Gefühle vor: Wut, Ärger, Abwehr, Trotz, Verweigerung, Trauer, Verzweiflung, Gleichgültigkeit, Kälte, Hilflosigkeit etc.

2. Darunter gibt es eine Angst: In Wirklichkeit fürchten wir uns vor dem, was wäre, wenn wir die Situation so akzeptieren müssten, wie sie ist.

3. Das eigentliche Gefühl ist ein Schmerz; etwas tut uns weh. Dieser Schmerz ist unser wahres Gefühl, aber wir wissen nicht, dass es sich dabei um ein Gefühl handelt, sondern halten es für eine Tatsache, die unser Wesen beschreibt, die uns bedroht oder vernichtet. Deshalb haben wir Angst, es wahrnehmen zu müssen.

Wie im vorigen Kapitel erläutert, ist mit jedem Schmerz eine Sehnsucht nach dessen Gegenteil verbunden. Diese Sehnsucht hegen wir, solange wir mit dem schmerzhaften Gedanken identifiziert sind. Solange Monika meint, ungeliebt zu sein, wird sie sich nach Liebe sehnen und solange Andreas meint, unfrei zu sein, wird er sich nach Freiheit sehnen.

Haben wir jedoch unser Herz geöffnet, den Schmerz gefühlt und sind wir nicht mehr mit dem Gedanken identifiziert, der ihn verursacht, ist diese Sehnsucht nicht mehr relevant. Wir wissen ja jetzt, dass »Unfreiheit« oder »Ungeliebtsein« oder wie auch immer der Schmerz heißt, keine Tatsachen sind, sondern ein Gedanke und ein Gefühl. Mit dieser Einsicht ist unsere Sehnsucht nach Freiheit oder Liebe etc. nicht mehr wichtig. Somit sind wir aus dem, was unsere gesamte Problematik verursacht hat, erwacht. Das Problem besteht nicht mehr.

An dieser Stelle lohnt es sich, noch einmal tiefer hinzuschauen. Wir haben die Sehnsucht nach dem Gegenteil dessen, was uns wehtut, ins Bewusstsein und ins Herz geholt. Dem Schmerz haben wir uns geöffnet und aufgehört, ihn für eine Tatsache zu halten. Wir sind also über diesen speziellen Gegensatz, z. B. frei/unfrei, geliebt/ungeliebt, hinausgekommen.

Nun können wir uns erneut die Situation vergegenwärtigen, mit der wir in die Übung eingestiegen sind, und uns fragen, ob es auch an diesem Punkt noch eine Sehnsucht gibt.

ÜBUNG

DIE TIEFERE SEHNSUCHT ENTDECKEN

- Denke an deine Ausgangssituation.
- Nimm den Platz des Zeugen ein, indem du dich auf eine bewusste und neutrale Wahrnehmung konzentrierst und deinen Atem spürst.

- ❧ Zuletzt hast du dein Herz für einen Schmerz und für die Sehnsucht nach seinem Gegenteil geöffnet.

- ❧ Du hast entdeckt, dass dieser Schmerz nicht etwas ist, was dein Wesen beschreibt oder bedroht (eine Tatsache), sondern ein Gedanke und ein Gefühl.

- ❧ Du bist aus einem (lebenslangem?) Missverständnis aufgewacht.

- ❧ Denke nun erneut an die Ausgangssituation.

- ❧ Frage dich, wonach du dich nun sehnst, nachdem du diese Gegensätze durchlebt hast.

- ❧ Fantasiere diese Sehnsucht nicht herbei, stell dir nur die Frage, während du die Situation vor dir siehst.

- ❧ Vielleicht taucht eine tiefere Sehnsucht auf. Eine, die über den Gegensatz hinausgeht.

- ❧ Fühle diese Sehnsucht bewusst und öffne dein Herz für sie, indem du die Herzensschlüssel für deine Sehnsucht durchprobierst.

- ❧ Vielleicht merkst du, dass sich in dieser Sehnsucht eine wichtige Qualität verbirgt.

Welche Sehnsucht bei dir auftaucht, kann ich schwerlich theoretisch beschreiben. Du musst es wirklich durchleben. Als Anhaltspunkt gebe ich dir vier Beispiele für die beiden Ebenen der Sehnsucht:

INGRID SEHNT SICH NACH GERECHTIGKEIT

Ingrid leidet an all der Ungerechtigkeit, die es in der Welt gibt. Sie sehnt sich nach Gerechtigkeit.

Als sie ihr Herz für beide Gefühle – Ungerechtigkeit und Sehnsucht nach Gerechtigkeit – geöffnet und erkannt hat, dass es Gefühle und keine Tatsachen sind, fragt sie sich, wonach sie sich sehnt, an dieser Stelle jenseits von Gerechtigkeit und Ungerechtigkeit. Sie sehnt sich nach Liebe, stellt sie fest. Sie erkennt, dass Liebe eine höhere Qualität ist, da sie über den Gegensatz von Gerechtigkeit und Ungerechtigkeit hinausgeht, und diesen transzendiert. Nun weiß sie, wonach sie sich wirklich sehnt.

RALF MÖCHTE NICHT MEHR ALLEIN SEIN

Ralf leidet am Alleinsein. Er hält es nicht aus. Er ist ständig von der Sehnsucht getrieben, nicht allein zu sein und Verbundenheit zu erleben. Aus dieser Sehnsucht heraus nimmt er an Gruppen teil, ohne dass diese Gruppenerlebnisse jedoch seinen Hunger wirklich stillen.

Als er sich beides, die Sehnsucht nach Verbundenheit und den Schmerz des Alleinseins, bewusst gemacht und beiden Gefühlen sein Herz geöffnet hat, entdeckt er die Sehnsucht nach »All-eins-sein«. Er konnte sie erst entdecken, nachdem er es zugelassen hat, »allein zu sein« zu fühlen.

ROLAND MÖCHTE EINFACH ER SELBST SEIN

Roland öffnet sein Herz für sein altes Gefühl, abgelehnt zu sein und für die damit zusammenhängende Sehnsucht, angenommen zu werden. Nachdem er dies getan hat, merkt er, dass »abgelehnt« nicht etwas ist, das ihn beschreibt, sondern ein Gedanke und ein Gefühl.

Da er weiß, dass eine weitere Sehnsucht auftauchen kann, wenn man den Schmerz durchquert hat und nicht mehr mit ihm identifiziert ist, hält er nach einer solchen Ausschau.

Tatsächlich entdeckt er die Sehnsucht danach, »einfach er selbst zu sein, egal wie die Welt darauf reagiert«.

Er folgt dieser Sehnsucht und entdeckt das Gefühl von Souveränität.

Sarah fühlt sich mal wieder schuldig

Sarah geht ihrem alten und allgegenwärtigen Schuldgefühl auf den Grund. Sie entdeckt darunter die Überzeugung, schlecht zu sein, und damit fühlt sie sich wiederum schlecht. Gleichzeitig taucht mit viel Tränen und Emotion ihre Sehnsucht auf, gut zu sein, oder vielmehr als gut erkannt zu werden. Ihr wird klar, dass diese Sehnsucht sie stets unbewusst beherrscht hat.

Viele ihrer typischen Handlungen und Verhaltensweisen waren von dem Wunsch motiviert, als gut erkannt zu werden. Nachdem sie ihr Herz für diese Sehnsucht geöffnet hat, wird es ihr möglich, auch den Schmerz zu fühlen, der von dem Gedanken an ihre Schlechtigkeit erzeugt wird.

Darunter taucht eine neue Sehnsucht auf: die Sehnsucht, so angenommen zu werden, wie sie ist, ob gut oder schlecht.

Als sie dieser Sehnsucht ihr Herz öffnet, merkt sie, dass sie genau dadurch sich selber so anzunehmen beginnt, wie sie ist – auch wenn sie sich gerade wieder einmal »schlecht« verhalten sollte. Eine neue Qualität!

Wiederholen und erweitern wir die Schichten eines Problems:

1. NEGATIVE EMOTIONEN (mit denen wir auf die unerwünschte Situation reagieren.) Diese müssen wir als Gefühle wahrnehmen, statt mit ihnen identifiziert zu sein, und ihnen das geben, was wir ihnen bisher verweigert haben, beispielsweise Anerkennung, Erlaubnis, Achtung usw.

2. DIE SEHNSUCHT NACH DEM GEGENTEIL (DESSEN, WAS WEHTUT). Auch diese Sehnsucht ist etwas, das wir fühlen und für das wir unser Herz öffnen können. Für sie kommt neben den bereits bekannten Schlüsselworten, unter denen »Achtung« oft eine wichtige Rolle spielt, noch der Schlüssel »für möglich halten« dazu.

3. DER SCHMERZ (DAS, WAS WEHTUT). Diesen verwechseln wir mit einer Tatsache. Wir können ihn erst bewusst wahrnehmen, wenn wir uns klarmachen, dass es ein Gefühl ist. Selbst wenn es eine Tatsache geben sollte, so geht es hier darum, das Gefühl wahrzunehmen und nicht die Tatsache. Dieses Gefühl, z. B. abgelehnt, ungeliebt, wertlos, unerwünscht, schuldig zu sein etc., braucht im Allgemeinen nur eins: »gefühlt« zu werden. Trotzdem empfehle ich, auch für dieses Gefühl die Herzensschlüssel durchzuprobieren.

4. EINE SEHNSUCHT JENSEITS VON SCHMERZ UND GEGENTEIL. Nachdem wir aus der Identifikation mit dem Schmerz erwacht sind, sehnen wir uns nicht mehr nach

seinem Gegenteil, aber vielleicht nach etwas Anderem. Möglicherweise taucht eine Sehnsucht auf, die den Gegensatz zwischen dem Schmerz und seinem Gegenteil transzendiert. Diese bitte ebenso bewusst fühlen wie alle anderen Gefühle, aber auch hier nicht stehen bleiben und sich damit identifizieren! Auch diese Sehnsucht möchte gefühlt werden und braucht etwas von deinem Herzen. Probiere die Schlüssel auch da wieder durch und achte darauf, welcher dein Herz aufschließt.

Immer wenn du dein Herz für eine Sehnsucht auf welcher Ebene auch immer öffnest, wirst du merken, wie du damit bereits ihre Erfüllung in Gang gesetzt hast. Hiermit könnten wir uns begnügen, aber auch noch einen Schritt weitergehen.

Wir können nämlich das Ziel unserer Sehnsucht mit der gleichen neutralen, aufmerksamen Bewusstheit betrachten wie alle unseren anderen Gefühle zuvor.

Wir brauchen dann nicht darauf zu hoffen und zu warten, dass diese Sehnsucht sich erfüllt und das Ersehnte Realität wird. Wir müssen uns auch nicht mit der Idee identifizieren, dass wir dann erst glücklich sind, wenn der erwünschte Umstand eingetreten ist, und wir endlich das haben oder sind, was wir uns ersehnen.

Und dies ist der entscheidende Schritt.

Der entscheidende Schritt

Auf unserem bisherigen Weg haben wir unser Augenmerk von den Tatsachen fort- und zu den Gefühlen hinbewegt. Wir sind aus der Identifikation mit Gefühlen (und Gedanken), die wir mit Tatsachen verwechselten, aufgewacht.

Der Weg durch die verschiedenen Schichten unserer Gefühle endete bei einer Sehnsucht. Früher hielt ich diese für das tiefste Gefühl, und die Reise endete daher immer bei der Sehnsucht, deren Erfüllung auf geheimnisvolle Weise in Sicht gerät, sobald man sein Herz für sie öffnet.

Der Rest, also die Erfüllung dieser Sehnsucht und das damit einhergehende Glück, schien mir dann wieder eine Angelegenheit von Tatsachen und äußeren Umständen zu sein.

Das kann dann beispielsweise so aussehen:

Ich sehne mich nach einem Zuhause/einer Beziehung/einem Leben in Freiheit/mehr Geld etc.

Ich öffne mein Herz für diese Sehnsucht.

Ich fühle, dass damit das Zuhause/die Beziehung/die Freiheit/ das Geld in Reichweite gerückt sind.

Nun ist es eine Frage der Zeit, und vielleicht der Wachheit, die entsprechenden Hinweise und Gelegenheiten zu bemerken, bis meine Sehnsucht sich realisiert.

So weit schien die Übung
abgeschlossen zu sein.

Eines Tages kam ich jedoch auf den Gedanken, dass die bewusste Wahrnehmung nicht bei der Sehnsucht enden muss. Ich dachte, ich könne mir das, was danach kommt,

auch noch mit der gleichen neutralen Bewusstheit ansehen, ohne mich damit zu identifizieren.

Nachdem ich also die Sehnsucht ins Herz geholt hatte,
blieb ich auf dem Posten des Zeugen und beobachtete
weiter, was in meinem Innern geschah. Ich betrachtete bewusst die Bilder, die mit den Sehnsuchtsgedanken verbunden waren. Erst von außen, wie man einen Film betrachtet, dann von innen, als diejenige, die die Story erlebt. Ich
kam auf die Idee, zu untersuchen, wie sich das anfühlt,
diese Bilder zu erleben, und wie ich mich darin fühle.

Und da entdeckte ich es: Dieses Gefühl war das, wonach
ich mich gesehnt hatte. Nicht die Umstände, nicht die Tatsachen, nicht die Beziehungen, sondern dieses Gefühl.

Und das Verrückte war: Es war die ganze Zeit über bereits da gewesen. Ich hatte nur nicht hingeschaut. Es hatte
in meiner Sehnsucht verborgen gelegen.

Wenn du das Gefühl der Sehnsucht genau beleuchtest,
wirst du feststellen, dass drei Komponenten darin enthalten sind:

– Am einen Ende der Mangel (Gefühl von Schmerz),

– dann die Bewegung, die vom Mangel zur Erfüllung führt
  (Gefühl von Sehnsucht),

– und am anderen Ende die Erfüllung (positives Gefühl).

Bisher haben wir uns mit dem Schmerz und der Sehnsucht beschäftigt. Lass uns nun die dritte Komponente beleuchten: die Erfüllung.

ÜBUNG

DER ENTSCHEIDENDE SCHRITT

- Vergegenwärtige dir noch einmal diese Sehnsucht, die du in der letzten Übung entdeckt und ins Herz geholt hast.

- Begib dich auf den Platz des Zeugen. Schalte also neutrale Bewusstheit ein, und spüre deinen Atem.

- Beobachte, was nun in deinem Bewusstsein geschieht, während du dir diese Sehnsucht vergegenwärtigst. Du wirst feststellen, dass sie Bilder kreiert. Bilder, die ihre Erfüllung illustrieren.

- Betrachte diese Bilder.

- Versetze dich in sie hinein. Und nun erlebst du, wie es wäre, wenn das Ersehnte schon Realität wäre.

- Wie fühlt sich das an? Was ist das für ein Gefühl? Lerne es kennen. Fühle es.

- Gib diesem Gefühl einen Platz in deinem Herzen, indem du die Schlüsselwörter durchprobierst und dabei darauf achtest, auf welche/s du reagierst. Braucht dieses Gefühl von dir: wahrgenommen zu werden? Anerkennung? Erlaubnis, da sein zu dürfen? Raum? gefühlt zu werden? als Gefühl erkannt zu werden? Das sind die wesentlichen Herzensschlüssel für positive Gefühle.

- Nun hast du vielleicht gemerkt, dass es dieses Gefühl ist, wonach du dich in Wirklichkeit gesehnt hast.

- Da du es jetzt entdeckt und ihm einen Platz in deinem Herzen gegeben hast, ist dir die äußere Realisierung dieser Sehnsucht nicht mehr so wichtig. Du fühlst dich ja bereits so, wie du dich wunschgemäß fühlen willst.

Zugleich hast du vielleicht bei der Nennung des richtigen Herzensschlüssels gemerkt, dass dieser auch der Schlüssel zur Realisation ist.

 Anhand von 4 Beispielen wollen wir uns das alles noch einmal verdeutlichen:

SICHERHEIT WOHNT NICHT AN EINEM ORT

Yvonne befindet sich im Urlaub. Während sie im sonnigen Sardinien vor ihrem Bungalow sitzt und aufs Meer schaut, sehnt sie sich seltsamerweise nach Hause. »Das ist immer so«, erzählt sie. »Wenn ich im Urlaub bin, wie schön es dort auch immer sein mag, sehne ich mich nach Hause.« Sie versteht dieses Phänomen nicht und möchte ihm auf den Grund gehen. Sie vergegenwärtigt sich ihre Sehnsucht, zu Hause zu sein. Sie stellt sich vor, dort zu sein, sieht sich inmitten der vertrauten Umgebung und achtet darauf, wie sie sich darin fühlt. Sie fühlt sich sicher. Sie hat »zu Hause sein, alles ist vertraut« mit »sicher sein« gleichgesetzt. Nun merkt sie, dass Sicherheit auch ein Gefühl ist. Sie öffnet ihr Herz für dieses Gefühl, und danach kann sie ihren Urlaub genießen, ohne sich nach Hause zu sehnen. Sie ist ganz begeistert. »Sicherheit war vorher etwas, das Zuhause wohnte – und jetzt ›wohnt‹ es in mir«, sagt sie. »Jetzt trage ich dieses Gefühl in meinem Herzen und kann es überall haben!«

DIE SEHNSUCHT NACH DEM STERBEN

Ich habe eine große Seminartournee vor mir, eine Rundreise, die ich ausnahmsweise ganz alleine unternehmen muss, und bemerke aufgrunddessen Gefühle von Angst und Stress. Als ich mir diese Gefühle näher anschauen möchte, gerate ich plötzlich in einen seltsam unkörperlichen Zustand, fühle mich »enthoben«. Darin entdecke ich eine Sehnsucht nach Sterben, Sterben im Sinne von »Allem enthoben zu sein«. Ich erforsche das Gefühl »enthoben« und gebe ihm einen Platz in meinem Herzen. Es möchte da sein dürfen und gefühlt werden.

Mit diesem Gefühl im Herzen und im Bewusstsein denke ich wieder an die bevorstehende Tournee und entdecke: Wenn ich dieses Gefühl mitnehme, sind metaphysische Dimensionen in meinem Bewusstsein anwesend, die ich sonst im Alltagszustand ausblende. Sie geben mir ein Gefühl von Sicherheit.

RICHARD SEHNT SICH NACH SEINER
TRAUMFRAU UND WIRD EIN TRAUMMANN

Richard wünscht sich eine Frau, findet aber die richtige nicht. Er ist eher klein, dick, und findet selbst, dass er nicht gerade wie Brad Pitt ausschaut, aber auch nicht unansehnlich ist. Er verliebt sich immer in die Art Frauen, die über ihn hinweg nach einem Brad Pitt Ausschau halten. Die Folge davon ist: Er findet keine Frau, die er will, und wenn er eine findet, muss er für sie zahlen. Das kostet ihn viel und ist unbefriedigend.

Richard geht in sich und stellt sich einmal ganz bewusst vor, wie es wäre, mit seiner Traumfrau zusammenzusein, mit ihr zu leben und glücklich zu sein, um herauszufinden, wonach er sich eigentlich sehnt. Bevor er zu diesem Gefühl gelangt, muss er durch viele mit diesem Thema verbundenen Emotionen hindurchgehen. Schließlich entdeckt er: Was er sich von einer solchen Beziehung erhofft, ist, gesehen, wertgeschätzt und geliebt zu werden. Er lernt diese Gefühle kennen, gibt ihnen einen Platz in seinem Herzen, und übt sich darin, sie bewusst zu fühlen. Bald lernt er eine Frau kennen. Sie ist eher klein und etwas mollig, und sie findet selbst, dass sie nicht gerade Angelina Jolie ähnelt, aber auch nicht unansehnlich ist. Er verliebt sich in sie und sie sich in ihn, und bald ziehen sie zusammen und heiraten.

Richard fühlt sich sehr wohl mit ihr und genießt das Gefühl, geliebt, gesehen, wertgeschätzt zu werden, wobei er allerdings nicht mehr so bedürftig und süchtig danach ist wie früher, denn er hat es ja bereits in sich selber entdeckt. Er ist jetzt in der Lage, sein Herz für die Wünsche und Sehnsüchte seiner Partnerin zu öffnen, und wird daher ein wunderbarer Ehemann für sie. Das wiederum stärkt sein Selbstbewusstsein und sein Charisma so sehr, dass sich nun sogar die eine oder andere Frau vom Typ »Traumfrau«, oder was er früher dafür hielt, nach ihm umschaut. Da er jedoch nicht mehr von der unbewussten Sehnsucht, gesehen und wertgeschätzt zu werden, getrieben wird, aus der heraus er nach besonders attraktiven Frauen Ausschau hielt, freut ihn das zwar, lässt ihn im Übrigen aber kalt, denn er hat seine Traumfrau bereits gefunden.

Nebenbei erwähnt: Das positive Gefühl auf dem Grunde einer Sehnsucht zu entdecken, lohnt sich übrigens selbst dann noch, wenn die dazugehörige Geschichte bereits vergangen ist.

SARAH UND DIE GROSSE LIEBE

Sarah hatte eine große Liebe. Diese große Liebe ehrte und pflegte sie in Gedanken viele Jahre lang. Sie war nur für eine kurze Zeit mit ihrem Angebeteten zusammen gewesen, danach hatten sie sich nur hin und wieder einmal kurz getroffen. Die restliche Zeit über hatte sie nicht aufhören können, sich intensiv nach ihm zu sehnen und sich ihn als Partner zurückzuwünschen, wobei sie unterschwellig davon überzeugt war, dass dies »zu schön wäre, um wahr zu sein«. Und kaum zu glauben, rief eines Tages ihre große Liebe doch tatsächlich an und kündigte ihr an, sie demnächst zu besuchen. Nach so vielen Jahren! Krank vor Aufregung fieberte Sarah dem Besuch entgegen, und als er eintraf, fielen sie sich in die Arme. Sarah konnte ihr Glück nicht fassen und auch gar nicht richtig daran glauben. Und wahrlich war es auch nur von kurzer Dauer. Bald verschwand ihr Freund wieder aus ihrem Leben.

Sarah hatte sich ihre Themen und Gefühle niemals bewusst angeschaut. Sie war einfach vollständig mit ihrer Verliebtheit identifiziert, anstatt diese als Gefühl wahrzunehmen und ihr Herz für dieses Gefühl zu öffnen. Somit war sie völlig blind für die Realität ihres angebeteten Geliebten. Dieser hielt es nicht lange aus mit dieser Frau, die ihre Gefühle auf ihn projizierte, ohne ihn als den zu sehen, der er war, und ergriff die Flucht.

Viele Jahre später, in einem Seminar, schaute Sarah sich die Gefühle, die sie damals gehegt hatte und die immer noch in ihr arbeiteten, bewusst an. Sie entdeckte die Sehnsucht, die sie damals auf diesen Mann projiziert hatte. Sie nahm auch das Gefühl war, welches durch das Zusammensein mit ihm in ihr ausgelöst wurde. Dieses Gefühl nannte sie Verzückung oder Ekstase. Sie fühlte es zum ersten Mal bewusst und gab ihm einen Platz in ihrem Herzen. Dadurch erkannte sie, dass dieses Gefühl nicht mit diesem Mann verschwunden war, sondern in ihrem Herzen lebte. Letztendlich war sie ihm dankbar dafür, es in ihr geweckt zu haben. Danach war sie endlich in der Lage ihn zu vergessen.

DER GANZE WEG MIT ALLEN SCHRITTEN UND ELEMENTEN IM ÜBERBLICK
TEIL 1

Ich hoffe, dass du mir bis hierhin gefolgt bist und die Übungen durchgeführt hast, sodass du die entscheidende Entdeckung tatsächlich für dich gemacht hast. Andernfalls möchtest du das Ganze vielleicht jetzt probieren, nachdem du alle Anleitungen durchgelesen und dir einen Überblick verschaffen konntest. Wenn du dich nun auf den Weg begibst und deine Ausgangssituation durch all diese Gefühlsschichten hindurch bis auf den Grund beleuchtest, kann es dir helfen, zu wissen, dass bestimmte Schichten von Gefühlen immer vorhanden sind. Ich empfehle dir jedoch nicht, diese Schichten von Gefühlen so methodisch »abzuarbeiten«, wie ich sie zuvor dargestellt habe.

Das Prinzip bei diesen Übungen der bewussten Wahrnehmung ist vielmehr: das, was auftaucht, wahrnehmen, und zwar in der Reihenfolge, in der es auftaucht.

Was heißt das aber? Wenn du dich hinsetzt, um dir dein spezielles Thema zu vergegenwärtigen, und hierbei den Platz der neutralen Bewusstheit einnimmst (des »Zeugen«), so nimmst du diejenigen Körperempfindungen und Gefühle wahr, die eben auftauchen – unabhängig davon, welche deiner Vorstellung nach auftauchen sollten.

Manchmal muss man erst durch eine ganze Reihe von Emotionen hindurch, bis man zu dem Schmerz durchdringt, auf den sie sich beziehen, und der mit ihm verbundenen Sehnsucht. Manchmal taucht die Sehnsucht zuerst auf; manchmal landet man sofort beim Schmerz.

Wie auch immer es abläuft: Beende die Übung, nachdem du für ein Gefühl dein Herz geöffnet hast. Du kannst sie an einem anderen Tag fortführen.

Du kannst die Übung auch so lange fortsetzen, wie es sich für dich richtig anfühlt; versuche jedoch nicht, mit Gewalt gleich bis zum Grund des Problems vorzustoßen, außer es geschieht von selber.

Nur wissen musst du, woraus dieser Grund besteht – aus einem Schmerz. Den du eventuell erst anschauen kannst, wenn du zuvor für die Sehnsucht nach seinem Gegenteil dein Herz geöffnet hast, falls sich diese aufdrängt. Der entscheidende Schritt besteht dann darin, dein Ersehntes mit derselben neutralen Bewusstheit anzuschauen wie alle anderen Gefühle und Gedanken bis dahin auch. Dieser Schritt beinhaltet auch, das Gefühl zu entdecken, nach dem du dich eigentlich sehnst, und für dieses dein Herz zu öffnen.

Wenn du nun dein aktuelles Problem bis auf den Grund durchleuchtest und das positive Gefühl, das jetzt entdeckt werden möchte, ans Tageslicht beförderst, dann solltest du zweierlei beachten:

a) Es können Gefühle aus diesen diversen Schichten auftauchen, die sich nicht unbedingt in der weiter oben beschriebenen logischen Reihenfolge melden. In jedem Fall aber geht es darum, den Schmerz, die damit verbundene Sehnsucht sowie das Gefühl, auf das sich diese bezieht, wahrzunehmen.

b) Einen Gedanken oder ein Gefühl vollständig wahrzunehmen, ist eine Sache, die sich auf mehreren Ebenen abspielt: der geistigen, d.h. das Gefühl erkennen/benennen, der körperlichen, d.h. wahrnehmen, wie es sich körperlich anfühlt, der seelischen, d.h. es fühlen und auf der Ebene des Herzens, d. h. mit Verständnis, Erbarmen, Achtung, Anerkennung, Raum, Erlaubnis usw.

Wenn du grundsätzlich verstanden hast, um welche Gefühlsschichten und Ebenen der Wahrnehmung es geht, kannst du jedem Wunsch und jedem Problem auf den Grund gehen, um den Schatz zu heben, der sich jeweils darunter verbirgt. Dieser Schatz ist das Gefühl, auf das sich deine tiefste Sehnsucht bezieht und das durch deine aktuelle Problematik ans Licht drängt.

 Lasst uns diese wichtigen Aussagen noch einmal bündeln:

GEFÜHLSSCHICHTEN, DIE AN EINEM PROBLEM BETEILIGT SIND UND BEI DEN ÜBUNGEN AUFTAUCHEN KÖNNEN:

– Negative Emotionen, wie Traurigkeit, Wut, Angst etc.
– Der Schmerz, auf den diese sich beziehen.

- Die Sehnsucht nach seinem Gegenteil.
- Das positive Gefühl, auf das diese sich bezieht.
- Die tiefere Sehnsucht jenseits von Schmerz und Gegenteil.
- Positives Gefühl, auf das diese Sehnsucht sich bezieht.

EBENEN DER WAHRNEHMUNG:

- geistig (erkennen/benennen)
- körperlich (spüren)
- seelisch (fühlen)
- Herz.

Nach dieser knappen Zusammenfassung folgt die vollständige Übung. Wenn dabei nicht alles nach Plan läuft (was oft der Fall ist), dann solltest du nach den obigen Erklärungen in der Lage sein, die Übung wenn nötig auch in anderer Reihenfolge durchzuführen.[5]

DIE VOLLSTÄNDIGE ÜBUNG

- ❦ Denke an dein Problem.

- ❦ Nimm den Platz des Zeugen ein. Spüre deinen Atem, deinen Körper.

- ❦ Nimm wahr, was in deinem Körper geschieht, während du an dein Problem denkst.

- ❦ Vertiefe deine Aufmerksamkeit in eine der betroffenen Körperregionen hinein. Erlebe den dort herrschenden körperlichen Zustand, z. B. Anspannung, bewusst, während du weiterhin deinen Atem spürst.

❦ Welches Gefühl drückt sich darin aus? Erlebe die Anspannung oder den betreffenden körperlichen Zustand aufmerksam, während du deinen Atem spürst, und konzentriere dich darauf, wie du dich dabei fühlst. Erkennst du das Gefühl, das sich dort ausdrückt? Kannst du es auch benennen?

❦ Lerne dieses Gefühl kennen. Fühle es bewusst.

❦ Öffne dein Herz, indem du dich fragst: Was braucht dieses Gefühl von mir (und hat es bisher nicht bekommen)? Will es vielleicht wahrgenommen werden, Anerkennung, Erlaubnis, Verständnis, Achtung, Mitgefühl, Erbarmen, Raum, gefühlt werden oder als Gefühl erkannt werden? Bemerke die schwache oder starke innere Reaktion, die sich einstellt, sobald du das richtige Wort aussprichst oder denkst.

❦ Schließe die Übung folgendermaßen ab: Denke erneut an dein Problem, und versetze dich in dieselbe Situation hinein, allerdings nun mit dem neu entdeckten Gefühl im Bewusstsein und im Herzen. Beobachte, wie du die Situation nun erlebst, und wie du dich verhältst, wenn dir dieses Gefühl bewusst und dein Herz dafür offen ist. Stelle fest, wie du die Situation jetzt interpretierst, und welche Bilder und Informationen auftauchen.

Du kannst die Übung an dieser Stelle beenden oder sie wieder von vorne anfangen.

❦ Denke erneut an das Problem, stelle dir dieselbe Situation vor wie am Anfang der Übung.

Spüre dabei in deinen Körper hinein. Gibt es noch einen Ort in deinem Körper, an dem dir etwas Besonderes auffällt? Wo es deine Aufmerksamkeit hinzieht? Oder ein weiteres Gefühl, das sich meldet? Erlebe es körperlich und öffne dein Herz dafür.

Beende die Übung hier oder fahre auf die gleiche Weise fort, bis du auf den Grund stößt.

Was dir eigentlich so weh tut an der Angelegenheit, ist dein Schmerz.

- Was ist es, das dir so wehtut? Wie fühlst du dich wirklich? Mach dir klar, dass auch dies ein Gefühl ist. Nimm dir vor, es bewusst kennenzulernen. Spüre deinen Atem, und öffne dein Herz für diesen Schmerz.

- Mit diesem Gefühl verbunden ist im Allgemeinen auch die Sehnsucht nach seinem Gegenteil. Manchmal spürt man, dass diese Sehnsucht zuerst wahrgenommen werden möchte, bevor man sich dem Schmerz zuwendet.

- Gibt es eine solche Sehnsucht bei dir? Lerne sie kennen, spüre sie, fühle sie, und öffne ihr dein Herz, indem du prüfst, welchen Herzensschlüssel sie braucht. Möchte deine Sehnsucht vielleicht: wahrgenommen werden, Anerkennung bekommen, Achtung, Erlaubnis oder für realisierbar gehalten werden? (Wobei es beim letzten Schlüssel nicht darum geht zu prüfen, ob es realisierbar ist, sondern ob sie auf diesen Gedanken mit Erleichterung reagiert.)

❧ Lenke deine Aufmerksamkeit auf die Bilder, die die Sehnsucht malt. Versetze dich in diese Bilder hinein.

❧ Wie fühlt sich das an? Wie fühlst du dich dabei?

❧ Öffne dein Herz für dieses positive Gefühl. Was braucht es? Womöglich Anerkennung, Raum, Erlaubnis, gefühlt zu werden, oder als Gefühl wahrgenommen zu werden?

❧ Zum Abschluss: Denke nun abermals an die Ausgangssituation, während du dieses neu entdeckte positive Gefühl bewusst wahrnimmst und ihm gibst, was es braucht (den Herzensschlüssel). Was geschieht in deiner Vorstellung? Wie verändert sich dein Verhalten? Wie reagiert deine Umwelt? Wie fühlt sich das an?

❧ Falls du dich zuerst mit der Sehnsucht und dem sich darauf beziehenden positiven Gefühl beschäftigt hast und dir den Schmerz für später aufheben wolltest, bist du vielleicht jetzt bereit, diesen Schmerz anzuschauen. Womöglich willst du das sofort tun. Ich finde es allerdings meist sinnvoller, sich in einer nächsten Sitzung damit zu beschäftigen. Dieser Schmerz hat jetzt zwar innerlich ein wenig an Grundlage verloren, ist jedoch noch vorhanden. Er ist wahrscheinlich sehr alt und schreit danach, endlich einmal gefühlt zu werden – sonst hättest du nicht das Problem, von dem du ausgegangen bist.

❧ Werde dir bewusst, dass es sich um ein Gefühl handelt, das jetzt angeschaut werden soll, und nicht um eine Tatsache. Spüre deinen Atem, lerne deinen Schmerz kennen, indem du ihn bewusst fühlst und öffne ihm dein Herz. Wahrscheinlich braucht er nur eines: gefühlt zu werden. Probiere aber zur Sicherheit die weiteren Herzensschlüssel ebenfalls durch.

- Nachdem du dein Herz für diesen Schmerz geöffnet hast, wirst du feststellen, dass du aus einer Täuschung erwacht bist, der du dein ganzes Leben lang erlegen warst. Dieses Gefühl des Schmerzes hast du nämlich dein ganzes Leben lang mit einer Tatsache verwechselt.

- Denke erneut an die Ausgangssituation. Versetze dich diesmal mit deinem Schmerz im Bewusstsein und im Herzen in sie hinein, in dem Wissen, dass es sich bei diesem Schmerz um ein Gefühl handelt und nicht um eine Tatsache.

- Was verändert sich?

Wenn du möchtest, kannst du noch einen Schritt weiter gehen.

- Denke an deine Situation, an den Schmerz und sein Gegenstück, an die beiden Gefühle, für die du soeben dein Herz geöffnet hast. Du wirst merken, dass du dich in einem Bewusstseinszustand nun jenseits dieser Gegensätze befindest. Gibt es in diesem Zustand, von diesem inneren Ort aus, auch eine Sehnsucht in dir? Wenn du nun die Situation betrachtest, wonach sehnst du dich jetzt? Öffne auch dieser Sehnsucht dein Herz.

❧ Versetze dich auch hier in die Bilder hinein, mit denen deine Sehnsucht dir ihre Erfüllung ausmalt. Wie fühlst du dich darin?

❧ Wahrscheinlich stößt du hier auf den Schatz, der sich unter dem ganzen Problem verbirgt. – Das positive Gefühl, das darauf wartet, entdeckt zu werden, um sich zu einer Qualität auszuwachsen, die deine Realität verändert oder bereichert.

❧ Gib diesem Gefühl einen Platz in deinem Herzen, indem du prüfst, was es von dir braucht. Achte darauf, welches Schlüsselwort die stärkste Veränderung auslöst, und merke es dir.

❧ Notiere dir dieses Gefühl zusammen mit dem wichtigsten Schlüssel, z. B. »Freiheit, als Gefühl wahrnehmen«, oder »Souveränität, Raum geben«. Platziere diesen Zettel so prominent, dass er dich von Zeit zu Zeit an das Gefühl erinnert. Nimm dir vor, auf dieses Gefühl zu achten. Es immer wieder hervorzuholen wie der Mann in unserem Märchen, sich immer wieder daran zu erinnern, es zu fühlen. So wächst es zu einem Teil deiner inneren Realität heran. Letztendlich wird es sich auch in deiner äußeren Situation ausdrücken. Daran brauchst du nicht zu zweifeln, insofern du die Übung(en) tatsächlich auch machst.

Auf diese Weise hast du nicht nur dein Problem gelöst, sondern einer positiven Qualität zur Verwirklichung verholfen.

Hier die Schritte der Technik noch einmal gebündelt:

1. Denke an dein Problem.

2. Achte darauf, was in deinem Körper geschieht, und erlebe bewusst den besonderen Körperzustand, der mit diesen Gedanken verbunden ist.

3. Lenke deine Aufmerksamkeit darauf, wie du dich darin oder damit fühlst. Lerne dieses Gefühl kennen.

4. Öffne dein Herz für dieses Gefühl, und frage dich, was es von dir braucht.

5. Mit diesem Gefühl im Herzen und im Bewusstsein betrachtest du erneut die Ausgangssituation und achtest darauf, wie du sie nun erlebst.

6. Öffne auf diese Weise dein Herz für alle Gefühle, die in dir auftauchen, sobald du an das Problem denkst, bis hin zu dem Schmerz, der dem Ganzen zugrunde liegt, und der damit verbundenen Sehnsucht.

7. Folge dieser Sehnsucht im Geist, und versetze dich in die Bilder der Erfüllung hinein. Lerne das (gute) Gefühl kennen, das in dir entsteht, wenn dein Wunsch in Erfüllung geht. Öffne dein Herz für dieses Gefühl. Erkenne es als Gefühl und stelle fest, was es von dir braucht. Probiere dabei die Schlüsselworte durch.

Da sie so wichtig ist, skizziere ich die Übungsanleitung in Stichworten:

1. An Problem denken.

2. Körperzustand erleben.

3. Gefühl darin kennenlernen.

4. Herz dafür öffnen.

5. Erneut an Problem denken.

6. Weitere Gefühle im Körper aufspüren und ins Herz holen.

7. Herz öffnen für den Schmerz.

8. Herz öffnen für die Sehnsucht.

9. Herz öffnen für das Gefühl, nach dem du dich sehnst.

Zum Einprägen rekapitulieren wir nochmal die Herzensschlüssel:

❧ Wahrnehmen

❧ Erlaubnis

❧ Anerkennung

❧ Mitgefühl

❧ Erbarmen

❧ Verständnis

❧ Achtung

- Raum
- Als Gefühl wahrnehmen
- Fühlen
- Für möglich halten: gilt für das Gefühl »Sehnsucht«

Bitte zerbreche dir nicht den Kopf über die Logik dieser Herzensschlüssel, sondern arbeite mit ihnen. In der Praxis wird sich dir ihre innere Logik schnell erschließen, so wie einst mir.[6]

 *Noch ein letzter Tipp, bevor du die Übung antrittst:*

- Beginne damit, deinen Atem zu spüren und dir vorzunehmen, alle auftauchenden Gefühle und Gedanken bewusst wahrzunehmen – ohne dich von ihnen davontragen zu lassen.
- Spüre während der gesamten Übung deinen Atem bewusst.

Gutes Gelingen!

Der bislang zurückgelegte Weg
Teil 2

Den Weg, den wir bis jetzt gegangen sind, wollen wir noch einmal zurückverfolgen:

Ich habe ein Problem. Ich gehe in mich und der Sache auf den Grund. Dort entdecke ich etwas, das weh tut. Und die Sehnsucht danach, dass es anders sein soll. Die Sehnsucht nach dem Gegenteil. Ich gehe dieser Sehnsucht nach und erfahre, dass dieses Gegenteil ein Gefühl ist, welches ich bereits in mir trage.

Da ich dieses gute Gefühl entdeckt und ihm einen Platz in meinem Herzen gegeben habe, traue ich mich nun, mir auch das schlimme Gefühl anzuschauen: Den Schmerz. Ich fühle diesen Schmerz bewusst und stelle fest, dass auch er nur ein Gefühl ist. Bisher dachte ich immer, es handele sich um eine Tatsache, nun habe ich ihn als Gefühl erkannt, das auf einem Gedanken aus der Vergangenheit basiert. Ich habe ihn gefühlt. Es gibt kein Problem mehr.

Ich gehe noch tiefer in mich und entdecke eine weitere Sehnsucht. Diese Sehnsucht hat mich unbewusst die ganze Zeit umgetrieben, ich aber habe ihr keine Chance gegeben. Nun entferne ich den Deckel, unter dem ich sie begraben habe. Der Deckel heißt »unmöglich«, »verboten«, »lächerlich« oder »zwecklos«. Danach kann ich die Sehnsucht in mir auftauchen lassen. Ich fühle sie. Meine Kraft und Zuversicht kehren zurück. Tief in mir spüre ich, dass sich diese Sehnsucht erfüllen wird. Auch wenn ich noch keine Ahnung habe, wie das vor sich gehen kann.

Ich gehe weiter in mich, folge der Sehnsucht im Geist und beobachte, wie sie mir ihre Erfüllung ausmalt. Ich versetze mich mitten in die Szene hinein. Wie es wäre, wenn es schon so wäre. Ein schönes Gefühl. Ein gutes Gefühl. Ich erfahre: Nach diesem Gefühl habe ich mich eigentlich immer gesehnt.

Nun habe ich dieses positive Gefühl entdeckt, das ich ebenfalls mit einer Tatsache verwechselt hatte. Ich nehme es nun wahr als das, was es ist – ein Gefühl. Ich öffne mein Herz und gebe ihm, was ihm bisher gefehlt hat: meine Beachtung, meine Erlaubnis, meine Anerkennung und viel Raum.

Jetzt ist dieses Gefühl Teil meiner inneren Realität. Ich fühle mich so. Auch wenn die Umstände (noch) nicht so sind: Das Gefühl ist schon vorhanden.

Ich kann beobachten, wie meine innere Haltung sich ändert, mein Verhalten, meine Sicht der Dinge, meine Beziehung zu meinen Mitmenschen. Übrigens verwandelt sich auch die Situation, die ich vorher als mein Problem betrachtet habe. Genau sie erweist sich jetzt als das Feld, in dem sich mein neues Ich erproben kann, in dem sich die neue Eigenschaft, zu der das positive Gefühl herangewachsen ist, manifestieren kann.

WAS IMMER IHR ERBITTET: WISST, DASS IHR ES SCHON ERHALTEN HABT

Jesus sprach über das richtige Beten. Er sagte nicht, man solle glauben, dass man das Erbetene bekäme, sondern er formulierte »wisst, dass ihr es schon erhalten habt«.

An diesem Satz habe ich mir früher die Zähne ausgebissen. Nicht, dass ich alles glaube, was in der Bibel steht. Aber in den Kernsprüchen von Jesus, so ergeht es mir jedenfalls, kann ich die Wahrheit geradezu »riechen«, auch wenn ich sie nicht sofort verstehe.

So wusste ich auch schon immer, dass dieser Satz etwas Wichtiges bedeutet, aber nicht was.

Wieso »wisst, dass ihr es schon erhalten habt«? Wie kann ich das wissen?

Meint er damit vielleicht: »Sei gewiss, dass du es bekommst, denn ich kenne meinen Vater, der ist ein weichherziger Kerl und kann nicht nein sagen?«

Jetzt jedoch, nachdem ich den entscheidenden Schritt in der körperzentrierten Herzensarbeit entdeckt habe, könnte ich das Gleiche sagen: »Was immer ihr ersehnt, ihr müsst wissen, dass ihr es schon besitzt.«

Aus einem Mangel
wird eine Qualität

An diesem Punkt angekommen, können wir alles vom anderen Ende aus betrachten. Unser ganzes Leben. Unsere Probleme. Unsere Suche. Unsere Fragen. Unser Streben.

Wir sind hier, um das Potenzial, das in uns schlummert, zu entfalten. Unsere Probleme weisen uns dabei den Weg hin zu unserer Entfaltung.

Wir müssen nur unserem Problem auf den Grund gehen und den Schmerz entdecken, auf dessen Vermeidung es beruht. Wir müssen die Sehnsucht entdecken, die unter ihm begraben liegt. Folgen wir dieser Sehnsucht bewusst, dann stöbern wir das Gefühl auf, nach dem wir uns sehnen. Und indem wir es fühlen und ihm Aufmerksamkeit widmen, wird es zu einer Qualität unseres Wesens. Es verändert unsere Sichtweise, unser Denken, unser Verhalten, unsere Ausstrahlung und nach und nach auch unsere äußere Realität.

Auf diese Weise wird aus einem erlittenen Mangel eine Qualität, die wir in die Welt hineinbringen: Unser Beitrag. So lassen wir unser Licht strahlen, anstatt es »unter den Scheffel zu stellen«.

Dann finden wir Erfüllung, kommen wir ans Ziel unserer Wünsche und werden zugleich frei von ihm. Frei für neue Ziele, neue Wünsche?

Die Reise geht weiter. Vielleicht ist sie unendlich. Denn das, wovon wir ein Teil sind, ist wahrscheinlich auch unendlich und seine Möglichkeiten demnach auch.

So gibt es einen Teil unseres Wesens, der sich immer weiter entwickelt, immer unterwegs ist, immer neuen Horizonten entgegengeht.

Aber es gibt auch einen anderen Teil; den Kern unseres Wesens, in dem alles beschlossen ist, der nie auf der Reise ist, sondern immer da ist, in sich ruhend, vollkommen und eins. Diesen nennen wir Gott.

An dieser Stelle kommt der letzte Schritt. Die entscheidende Erkenntnis.

Nicht wir sind es, die wünschen. Unsere Sehnsucht gehört nicht uns: Sie gehört Gott. Gott sehnt sich, und Seine/Ihre Sehnsucht findet Erfüllung durch uns.

Gottes Wunsch in deinem Ohr

Denke an etwas Wichtiges, an etwas von großer Bedeutung, das du dir von Herzen wünschst. Spürst du die Sehnsucht, die in diesem Wunsch enthalten ist?

Hast du diese Sehnsucht erzeugt?

Wenn tatsächlich du diese Sehnsucht erschaffen hast, so kannst du sie auch wieder abschaffen.

Aber ehrlich: Kannst du diese Sehnsucht wirklich abschaffen? Wenn ich dich jetzt auffordere, sie zu löschen, sie zu annullieren, oder dir stattdessen eine andere zuzulegen, könntest du das?

Wenn ja, dann ist es keine echte Sehnsucht, kein wirklicher Herzenswunsch oder du bist Weltmeister im Verdrängen deiner wahren Gefühle. Eine echte Sehnsucht können wir nicht abschaffen. Sie ist uns ins Herz gelegt. Wir haben sie nicht erzeugt. Sie ist einfach da. Wir haben nur die Wahl, ob wir unsere Sehnsucht fühlen wollen oder nicht; ob wir sie beachten oder ignorieren wollen. Abschaffen jedoch können wir sie nicht. Wir sind nicht die Schöpfer unserer Sehnsucht. Ebenso wenig wie wir unseren Körper erschaffen haben, haben wir unsere Sehnsucht erschaffen. Wenn wir nicht die Erzeuger unserer Sehnsucht sind, wer dann?

Das Leben. Die eine Intelligenz, die in und hinter allem steckt. Die geheimnisvolle Quelle, aus der alles hervorgeht.

In Ermangelung eines besseren Namens nennen wir sie Gott.

(Gott ist kein guter Name, weil im Namen Gottes viel Schreckliches passiert ist und weil er mit so vielen Missverständnissen verbunden ist.) Gott ist es nun, der (oder die) sich sehnt. Wieso muss Gott sich sehnen, wo Er/Sie doch alles hat? Und alles ist? Allgegenwärtig, allmächtig usw.?

Weil Er/Sie zwar alles hat und alles ist, aber nur latent, potenziell. Um real zu sein, muss es werden, und dieses Werden ist ein Vorgang, ein Prozess, an dem du und ich und alle beteiligt sind. Es wird in uns, durch uns und als wir. Die Kraft, die dieses Werden vorantreibt, nennen wir Sehnsucht.

In unserem Herzen nimmt diese Sehnsucht eine bestimmte, konkrete und individuelle Gestalt ein. Wir richten sie auf Ziele oder Objekte, von denen wir uns Erfüllung versprechen. Letztendlich ist es jedoch Gott, der/die sich sehnt. »Dein Wille geschehe«, bedeutet nichts anderes als »Mein Wille geschehe«. Es gibt keinen Unterschied. Es gibt keine Zwei.

Jedoch können wir in einer bestimmten Perspektive gefangen sein, und dann gibt es doch zwei. Einen, der gefangen ist, und einen, der nicht gefangen ist. Um Letzteren zu wecken, schreibe ich dieses Buch.

Außerdem sind wir uns im Allgemeinen nicht wirklich klar darüber, was wir uns wünschen. Darüber später mehr.

Wenn wir das wünschen, was wir in Wahrheit wünschen, sind »Dein Wille« und »mein Wille« eins, andernfalls zweierlei. Lasst uns also herausfinden, was wir uns wirklich wünschen, und dann entdecken, dass wir es bereits besitzen.

VON EINEM GEFÜHL, DAS SICH SEHNTE – EIN MÄRCHEN

Es war einmal ein Gefühl. Ein schönes Gefühl. Wie jedes Gefühl wollte es gefühlt werden, und wie alles Schöne strebte es danach, gesehen zu werden. Denn was sollte wohl der Sinn der Schönheit sein, wenn niemand sie sah? Deshalb wollte es nicht nur innerlich gefühlt werden, sondern auch als etwas Äußeres oder Manifestes betrachtet werden. Es wollte zu dem werden, was wir Wirklichkeit nennen.

Das Gefühl wohnte im Herzen eines Menschen, was dieser jedoch nicht bemerkte. Da begann das Gefühl zu klagen, zu weinen und zu rufen, und der Mensch hatte auf einmal so ein Ziehen und Zwicken im Herzen, so etwas Treibendes und Drängendes: er nannte das Sehnsucht. Der Mensch bemerkte diese Sehnsucht, denn sie zog und zwickte sehr stark. Er bemerkte nicht, dass es das schöne Gefühl war, das da zog und zwickte; er dachte, es sei die Sehnsucht danach. Und daraus, dass er diese Sehnsucht hatte, schloss er, dass er das schöne Gefühl nicht besaß. Das veranlasste ihn nachzudenken, wie er es sich verschaffen könne. »Ich brauche dies und das«, dachte er, »und wenn ich dies und das habe, dann habe ich das schöne Gefühl.«

So begann er für »dies und das« zu arbeiten, zu kämpfen, zu beten und sich eben »dies und das« zu wünschen. Mit der Zeit wurde er regelrecht besessen von seinem Streben nach dem Ersehnten.

Aber er bekam es nicht. Mal bekam er ein wenig von diesem, mal ein wenig von jenem, aber niemals bekam er genau das, wie er es sich wünschte. Da war er sehr enttäuscht, auch ein wenig wütend und hilflos, bis er schließlich aufgab. »Sei still«, sagte er zu seiner Sehnsucht, »lass mich in Ruhe. Du quälst mich nur. Es hat ja doch keinen Zweck.«

Das Gefühl aber gab nicht auf. Es war da, und es konnte nicht anders, als danach zu streben, gesehen, gefühlt, erlebt, zur Wirklichkeit zu werden, denn das entsprach seiner Bestimmung.

Immer wenn seinem Besitzer nun jemand begegnete, der dasselbe Gefühl in sich trug und es bereits entdeckt, gefühlt und zu einer Wirklichkeit hatte werden lassen, trommelte es ganz laut mit den Fäusten ans Herz seines Menschen und machte auf sich aufmerksam. »Schau hin!«, rief es. »Da bin ich!«

Und der Mensch sah den Mitmenschen, der dasselbe Gefühl in seinem Herzen trug wie er, und er betrachtete es mit Neid, mit Eifersucht, mit Zorn, mit Bitterkeit oder mit Entmutigung, denn er erkannte nicht, dass er es ebenfalls besaß.

«Ich habe das nicht«, dachte er. »Und ich erreiche es auch nicht.« Und dieser Gedanke tat ihm weh. Er tat ihm so weh, dass er jedes Mal, wenn er durch einen Menschen oder ein Ereignis daran erinnert wurde, wütend wurde oder sich entfernte, um den Schmerz zu vergessen.

Wann immer er das tat, wurde der Schmerz größer, bis er eines Tages so groß geworden war, dass er ihn nicht mehr vergessen konnte. Er konnte fluchen oder flüchten, soviel er wollte: Es tat weh, immer noch weh, und der Schmerz quälte ihn am Tag und in der Nacht.

Da gab der Mensch seine Gegenwehr auf und erbarmte sich seines Schmerzes und fühlte ihn. Und je mehr er ihn fühlte, desto wärmer wurde ihm ums Herz. Denn ein Herz wird immer warm, wenn es sich eines Schmerzes erbarmt.

Da wagte sich seine große, schöne und leuchtende Sehnsucht wieder hervor, und da sein Herz nun warm und weit geworden war, nahm es sie in sich auf. Und als unser Mensch begann, seine Sehnsucht in seinem Herzen zu fühlen, war es, als fände er heim zu sich selbst.

Er sah, wie seine Sehnsucht ihm Bilder auf die Leinwand seines Geistes zeichnete; ihm ausmalte, wie es sein könnte, wie es sein würde, wenn sie sich erfüllt hätte. Und der Mensch spazierte in diese Bilder hinein. Er träumte, seine Sehnsucht hätte sich schon verwirklicht. Er träumte es nicht nur, er erlebte es mit allen Fasern. Da entdeckte er es: Das Gefühl, das schöne Gefühl. Es fühlte sich wunderbar an. Es erfüllte ihn ganz und gar, durchdrang ihn, weitete ihm die Brust, richtete ihn auf, ließ eine freudige Spannung in seinen Muskeln entstehen und seine Augen leuchten.

»Das ist ein Gefühl«, dachte er. »Mein Gefühl. Ich will es kennenlernen.« Er badete in dem Gefühl, atmete es in vollen Zügen ein und spazierte im Geist damit herum.

»Das ist mein Gefühl«, dachte er beglückt. »Und ich habe es schon. Es ist die ganze Zeit bereits vorhanden. Ich habe es nur nicht bemerkt. Ich bin auch nie auf die Idee gekommen, dass es sich um ein Gefühl handelte! Ich war immer nur damit beschäftigt, nach Äußerlichkeiten zu streben. Ich suchte es in der Welt der Tatsachen, dabei ist es die ganze Zeit in meinem Herzen gewesen.«

Da nahm er sich vor, dieses Gefühl zu hegen und zu pflegen und zu schützen. Wie man ein junges Bäumchen behütet, wollte er ihm viel Aufmerksamkeit und Zuwendung schenken und es in seinem Innern geheim und heilig halten, bis es groß und stark geworden wäre.

Er begann, viel Zeit in der geheimen Welt seines Herzens zu verbringen und sich um das schöne Gefühl zu kümmern. Dies und das zu erreichen, erschien ihm nicht mehr so wichtig, auch wenn es ihm sicherlich geholfen hätte, das schöne Gefühl in sich zu entdecken. Aber nun besaß er es ja schon.

Mit der Zeit bemerkte er, dass das schöne Gefühl nicht mehr nur einfach ein Gefühl in ihm war, sondern zu einem Merkmal seiner Persönlichkeit geworden war, zu einer Eigenschaft, die einen anderen Menschen aus ihm machte. Er spürte, dass seine Mitmenschen anders auf ihn reagierten. Neue Menschen traten in sein Leben, die zu seiner neuen Persönlichkeit passten. Nach und nach verwandelte sich seine Welt. Eines Tages stellte er fest, dass er das, wonach er immer so sehr gestrebt hatte, jetzt auf einmal besaß. Es war ihm nicht einmal mehr besonders aufgefallen.

Das schöne Gefühl aber war sehr zufrieden. Es hatte sein Ziel erreicht. Es war zur Wirklichkeit geworden.

TEIL III

AUF DEM WEG ZUR VERWIRKLICHUNG: FALLEN, FEHLER, HINDERNISSE – BEISPIELE AUS DER PRAXIS UND ERFOLGSGESCHICHTEN

WIE WERDEN UNSERE WÜNSCHE WIRKLICH WAHR?

Das, wonach du dich sehnst, ist in Wirklichkeit ein Gefühl und kein Objekt, Ereignis oder Umstand. Im ersten Teil dieses Buches hast du diese Erkenntnis gewinnen können und diese dann mithilfe der Techniken des zweiten Teils selber praktisch umsetzen und entdecken können. Du hast dieses Gefühl kennengelernt, es bewusst gefühlt und dabei gemerkt, was es von deinem Herzen braucht: Beachtung oder Raum, Erlaubnis oder Anerkennung, oder einfach gefühlt respektive als Gefühl wahrgenommen zu werden. Du hast vielleicht gespürt, dass hierin der Schlüssel zu einer Veränderung nicht nur in deinem inneren, sondern auch deinem äußeren Leben liegt.

Wie geht es weiter? War das alles, was nötig ist?

Wenn du die Übung wirklich gemacht hast, wirst du dich freier fühlen als vorher. Du wirst nun nicht mehr so sehr von dem Bedürfnis beherrscht, unbedingt den Gegenstand deiner Sehnsucht erreichen zu müssen. Dir ist bewusst, dass du dich immer nach dem Gefühl und nicht nach dem Objekt gesehnt hast. Nach einem Gefühl, das immer schon in dir vorhanden war. Um auch äußerlich eine Veränderung nach deinen Wunschvorstellungen zu bewirken, ist es aber ganz sicher nicht damit getan, dieses Gefühl entdeckt und einmal kurz gefühlt zu haben. Wenn es zu einer handfesten Realität heranwachsen soll, muss es Aufmerksamkeit bekommen, muss oft und viel wahrgenommen und zu einem selbstverständlichen Teil deiner inneren Wirklichkeit werden.

Sobald du aufhörst, es wahrzunehmen oder es sogar vergisst, werden sich unweigerlich andere Themen in den Vordergrund deines Blickfelds schieben. Trotzdem wird die innere Veränderung, die mit der Durchführung der großen Übung am Ende von Teil II bei dir begonnen hat, durch Vergessen weder aufgehalten noch rückgängig gemacht. Aber die neue innere Realität und dein neu entdecktes positives Gefühl werden eher hier und da kurz aufblitzen, als sich auch in einer massiven äußeren Veränderung zu manifestieren. Bist du an einer solchen interessiert, solltest du dieses Gefühl auch weiterhin bewusst wahrnehmen. Nicht nur in der »Trockenübung«, sondern mitten im richtigen Leben. Nimm das Gefühl überall mit und erinnere dich so oft wie möglich daran.

Übe dich darin, es wahrzunehmen. Hole es immer wieder hervor. Pflege es durch deine Beachtung, wie du dich um eine Pflanze liebevoll kümmern würdest.

Das Schöne an dieser Entdeckung ist: einmal erkannt, lockert sie das damit verbundene Thema auch auf. Alles ist nicht mehr so ernst. Es geht ja nicht mehr darum, um etwas Äußeres zu kämpfen. Dein Gefühl steht im Vordergrund, und deine einzige Aufgabe besteht darin, sich daran zu erinnern und es wahrzunehmen.

Da du dieses Gefühl nicht mehr mit einer Tatsache verwechselst, hältst du fortan auch nicht mehr so ängstlich daran fest. Du weißt, das du das Gefühl jederzeit wahrnehmen kannst, seitdem du es entdeckt und ihm einen Platz in deinem Herzen gegeben hast.

Es sei denn, du tappst wieder in die Falle der Identifikation.

DIE FALLE DER IDENTIFIKATION

Ein positives Gefühl in sich zu entdecken, das unbewusst immer für eine (unerreichbare) Tatsache gehalten wurde, kommt einer Erleuchtung gleich.

Aber Vorsicht: Es ist nichts damit gewonnen, wenn du an dieser Stelle wieder in die Falle der Identifikation stolperst. Mit einem guten Gefühl identifizieren wir uns gern, und wir neigen dazu, das gute Gefühl für die eigentliche Wahrheit zu halten. »Aha, das ist jetzt das richtige Gefühl. Das ist die Wahrheit. Vorher war ich ohnmächtig, jetzt bin ich mächtig« und prompt verlassen wir die Position des Zeugen und sind wieder parteiisch. Wir identifizieren uns mit dem Wunsch, das Gute festzuhalten und der Angst, es zu verlieren.

Und wieder sind wir in unserem Glück von etwas abhängig – nämlich davon, dass das Schöne, das wir entdeckt haben, in unserem Innern real bleibt. Wir verwechseln dann wiederum ein Gefühl mit einer Tatsache, indem wir es sozusagen festschreiben und statisch darin verharren möchten. Wir denken, wenn wir uns nicht so (friedlich, harmonisch, glücklich, ausgeglichen oder was auch immer) fühlen, sei etwas nicht in Ordnung, und machen uns womöglich sogar Vorwürfe – weil wir es nicht schaffen, in dem guten Zustand zu bleiben.

Wenn wir Zeuge bleiben, nehmen wir das Gefühl einfach als Gefühl wahr. Wir verwechseln es weder mit uns selber noch mit einer Tatsache, und daher müssen wir weder etwas dafür noch etwas dagegen unternehmen. Wir können es einfach bewusst wahrnehmen. Unserem Wunsch, es zu behalten, wie unserer Angst, es zu verlieren, können wir mit der gleichen neutralen Bewusstheit begegnen. Es sind alles Gefühle. Solange wir uns nicht mit einem von ihnen identifizieren und zu allen anderen auch »nicht ich« sagen, finden sie alle Platz in unserem Herzen. Das Leben als Mensch bietet eine unglaubliche Vielfalt an Gefühlen, ebenso wie es eine ungeheure Vielfalt an Sinneseindrücken bietet wie an Farben, Gerüchen, Formen, Geschmäckern, Geräuschen. Wenn wir mit einem bestimmten Teil dieser Erfahrungsmöglichkeiten identifiziert sind, sagen wir »dies ist ich, und das ist nicht ich«, und kämpfen, leiden und sind blind für die Wahrheit.

Die Falle der Identifikation ist die Ursache all unserer Leiden.

Wie wunderbar auch immer das Gefühl sein mag, das wir in unserem Innern entdecken: bleiben wir Zeuge, nehmen wir es bewusst als Gefühl wahr, statt uns damit zu identifizieren!

So bleiben wir offen für die nächste Wahrnehmung und müssen die Tür nicht schließen, alles andere aussperren und denken: »Jetzt habe ich es. Das ist es.« Selbst Erleuchtung kann eine solche Falle sein.

Führt diese neutrale Bewusstheit nicht zu Gefühlskälte?

Manche Menschen stellen sich vor, dass man gefühlskalt und das Leben uninteressant wird, sobald man diese neutrale Bewusstheit entwickelt. Jedoch ist das Gegenteil der Fall. Wenn ich mit einem Gefühl, ob angenehm oder unangenehm, identifiziert bin, erlebe ich es nicht, sondern es beherrscht mich. Ich kann es nur erleben, wenn ich es als ein Gefühl erkenne und es bewusst fühle. Und dadurch wird mein inneres Erleben wesentlich reicher und intensiver.

Besuche ich einen wunderschönen Ort in einem fremden Land, dann kann ich dort die Sinneseindrücke weitaus bewusster erleben, als wenn ich dort aufgewachsen wäre, nie etwas anderes gesehen hätte und der Welt um mich herum deshalb keine besondere Beachtung schenken würde. Da ich es bewusst erlebe, ist alles spannend, aufregend, faszinierend, beeindruckend und berührend.

Ebenso kann ich die Welt ganz selbstverständlich als Mensch sehen oder aber die menschliche Sichtweise bewusst wahrnehmen. »Aha, so ist es, ein Mensch zu sein, und als solcher zu denken und zu fühlen ...«

Hier liegt der Unterschied zwischen identifiziert und nicht identifiziert.

Alt sein, jung sein –
womit identifizierst du dich?

Als ich jung war, war ich mit Jungsein identifiziert; ich war eben jung. Ich habe das nie besonders wahrgenommen, es nie bewusst gefühlt. Nun kann ich sagen: »Schade, dass ich nicht mehr jung bin«; oder: »Schade, dass ich den Zustand, jung zu sein, damals nicht bewusst erlebt habe.« Aber ich kann mich an Jungsein erinnern, kann mich in die Erinnerungsbilder hineinversetzen und kennenlernen, wie sich das anfühlt; ich kann es als Gefühl entdecken. Das Gefühl ist immer noch da. Sobald ich es fühle, ist es meine innere Realität. Ich fühle mich jung.

Nun kann ich sagen: »Fein, ich fühle mich jung, und dieses Gefühl muss ich unbedingt festhalten, dann werde ich vielleicht wieder jung.« Dann bin ich wieder in die Falle der Identifikation mit einem Teil getappt – mit der Angst vor dem Alter und dem Wunsch, die Jugend festzuhalten. Ich kann aber auch sagen: »Aha, so fühlt sich Jungsein‹ an. Es ist ein Gefühl. Daneben gibt es die Angst vor Altsein. Die fühlt sich so an. Und weiter gibt es das Gefühl von Altsein selber. Das ist auch ein Gefühl! Ich schaue es mir näher an und stelle fest, es ist ein Gefühl von Reife, von Wissen, ein Gefühl, ein gewisses Gewicht zu haben. Interessant. Dieses Gefühl habe ich bisher immer verleugnet, weil ich ja Angst vor dem Altsein hatte. Jetzt merke ich, dass es existiert, dass es ein Gefühl ist und keine Tatsache. ›Ich‹ bin weder dies noch das. Ich bin die, die dies und das wahrnimmt.«

Nun gut, wirst du vielleicht einwenden, aber deshalb bin ich trotzdem alt. Ich sehe nicht mehr so aus wie in meiner Jugend, bin auch nicht mehr so fit, und das ist doch immerhin eine Tatsache. Aber Tatsachen erzeugen keine Gefühle, sondern unsere Gedanken über die Tatsachen sind es, die Gefühle erzeugen.

Ich kann dieser Tatsache gegenüber neutral sein – oder sie für mich auf eine bestimmte Weise interpretieren. Falls letzteres der Fall ist, setze ich womöglich »alt« gleich mit »nicht mehr geliebt« oder mit »sexuell nicht mehr attraktiv.« Ich kann alt auch mit demütigend, hässlich und verächtlich zusammenbringen. Oder ich verbinde es ganz einfach mit Angst vor dem Tod. Mit Schwäche oder Ohnmacht. All dies sind Gefühle, und solange ich mit ihnen identifiziert bin, leide ich und mache einen Bogen um das Thema oder rede es mir schön. Löst der Gedanke an die Zahl der Jahre, die ich bereits in diesem Körper auf dieser Erde wandele, keine Emotion aus, so ist es gleich, wie groß diese Zahl ist. Es ist einfach die Zahl der Jahre, die ich bereits in diesem Körper auf dieser Erde wandele.

Womit auch immer du dich identifizierst – sobald du diesen Prozess bemerkst, kannst du das dazugehörige Gefühl zum ersten Mal bewusst wahrnehmen.

Ganz gleich, ob es ein positives (bejahendes) Gefühl ist, ein negatives (verneinendes) oder neutrales – fühlen tut immer gut. Es macht uns lebendig.

BEISPIELE AUS DEM LEBEN
TEIL 1:
WIE ICH DEN
ENTSCHEIDENDEN SCHRITT ENTDECKTE

Die Situation gefiel mir ganz und gar nicht. Aber es gab kein Entrinnen. Fortgehen war unmöglich, kämpfen hatte nichts gebracht, beten war erfolglos geblieben. Auch der Versuch, mich mit der Situation abzufinden oder gar anzufreunden, war misslungen. Ich litt.

Da ich an meiner äußeren Realität nichts ändern konnte, richtete ich meine Aufmerksamkeit auf die innere. Vielleicht fand sich ja sowohl das Problem als auch die Lösung in mir selber. Ich schloss also die Augen und spürte meinen Atem. Als Erstes fiel mir eine große Anspannung in meinem Körper auf, die sich bei näherer Betrachtung als Wut entpuppte, als eine ungeheure Wut. Was machte mich so wütend? Die Ohnmacht. Der Gedanke, nichts an der Situation ändern zu können.

Ich machte mir klar, dass Ohnmacht – unerheblich, ob Tatsache oder nicht – ein Gedanke und ein Gefühl ist. Ich wusste, je näher ich dieses Gefühl kennenlernen würde, desto mehr könnte ich mich aus der Identifikation mit ihm lösen und erkennen, dass es ein Gefühl war und keine Tatsache. Ich spürte also meinen Körper; er war ganz schlaff. Die Arme hingen kraftlos herunter. Ja, jetzt konnte ich die Ohnmacht fühlen. Mit einer Regung von Mitgefühl öffnete sich mein Herz für dieses Gefühl, und im selben Moment hörte ich auf, ohnmächtig zu sein. In meinem Geist tauchten verschiedene Handlungsmöglichkeiten auf, die ich zuvor nie bedacht hatte. Ich hatte ja Ohnmacht für eine

Tatsache gehalten und war daher gar nicht auf die Idee gekommen, dass ich irgendeine Macht auf die Situation hätte haben können.

Nachdem sich mein Herz für die Ohnmacht geöffnet hatte, fragte ich mich, ob es nicht auch eine Sehnsucht nach Macht in mir gäbe? So etwas war mir nie bewusst in den Sinn gekommen, aber es erschien mir höchst logisch, dass es eine solche Sehnsucht geben müsse, wenn man wie ich unter Ohnmacht litt. Stimmen wurden in mir laut, die behaupteten, Macht sei etwas Schlechtes und ich dürfe solch eine Sehnsucht nicht haben, sonst sei auch ich schlecht. Ich war wach genug, nicht auf diese Gedanken hereinzufallen, sondern sie als solche zu erkennen. Ich warf einen Blick auf die Gefühle, die mit ihnen einhergingen – Angst, Schuld, Schlechtigkeit –, und hielt unbeirrt weiter Ausschau nach der Sehnsucht nach Macht. »Es muss aber unbedingt sichergestellt sein«, meldete sich eine letzte Stimme dieser Opposition zu Wort, »dass du Macht meinst im Sinne von ›etwas bewegen können‹ und nicht im Sinne von ›Leute unterdrücken oder so‹«. Nachdem ich auch dieser Stimme Anerkennung geschenkt hatte, wagte sich endlich die Sehnsucht nach Macht hervor. Ja, es gab sie. Ich konnte sie fühlen. Sie brauchte als Erstes die Erlaubnis, überhaupt existieren zu dürfen. Mehr noch, sie wollte Rehabilitation, wollte von der alten Verurteilung befreit werden. Und sie brauchte Achtung von meinem Herzen, und bei diesem Wort rückte sich etwas in meinem Innern zurecht. Die Sehnsucht nach Macht, die so lange völlig verdrängt gewesen war, hatte ihren Platz in meinem Herzen wiedergewonnen.

Umgehend machte sie sich an die Arbeit und tat das, was jede Sehnsucht tut, wenn man sie nicht daran hindert: Erschaffen. Vorstellungen kreieren. Sie malte mir aus, wie es wäre, Macht zu haben, mächtig zu sein. Ich versetzte mich in diese Vorstellungen hinein, wollte kennenlernen, wie sich das anfühlt: Macht. In diesem Augenblick durchfuhr mich die Erkenntnis wie ein Schock: Macht ist ein Gefühl! Ebenso wie Ohnmacht ist auch Macht keine Tatsache, sondern ein Gefühl. Seltsam, dass ich nie darauf gekommen war! Ich hielt Macht stets für etwas, das man hat oder, wie ich von mir glaubte, eben nicht hat, oder für etwas, das man ist (mächtig) oder nicht. Und nun stellte sich heraus, dass es etwas ist, das man fühlt. Und dass man nichts Äußeres braucht, um es fühlen zu können – keine besonderen Charakteranlagen, keine Position in der Welt, keine Muskeln, keine Waffen, kein Geld, keine einflussreichen Freunde; man muss es nur in sich entdecken! Und eben fühlen.

Ich lernte also das Gefühl von Macht kennen. Dabei konnte ich beobachten, wie meine Haltung, meine Selbstwahrnehmung, mein Denken sich veränderten, ich konnte förmlich spüren, wie meine Aura sich mit Kraft auflud. Als ich mein Herz für dieses Gefühl durch meine Wahrnehmung geöffnet hatte, tauchte die Gewissheit auf, dass sich nun alles verändern würde.

Wie wirkte sich das in der Praxis aus? Irgendwie nahm das Leben seinen Gang, und ich vergaß die Sache. Jedoch dauerte es nicht lange, bis ich mich wieder einmal hilflos fühlte. Diesmal schaltete sich meine Bewusstheit sofort ein. »Hilflosigkeit ist ein Gedanke und ein Gefühl«, sagte ich mir, »und statt zu meinen, hilflos zu sein, kann ich sie auch fühlen.« Ich öffnete ihr mein Herz, und schlagartig erwachte ich aus der Hypnose der Hilflosigkeit. Ein revolutionärer Gedanke tauchte auf: »Vielleicht kann ich ja doch etwas ändern!« Ich merkte, wie ich geistig die Ärmel hochkrempelte, aber dann stand ich vor einer seltsamen

Erkenntnis. Ich hatte nämlich nicht die geringste Ahnung, wie ich mir die Situation überhaupt wünschte. Ich war nie auf die Idee gekommen, mich das zu fragen, weil ich ja überzeugt gewesen war, nichts ändern zu können, und daher mehr in Resignation und Traurigkeit geschwelgt hatte als darauf zu achten, was ich mir eigentlich wünschte.

Wonach sehnte ich mich also? Ein Bild tauchte auf, das mir die Situation so zeigte, wie ich sie gerne hätte. Ich fühlte die Sehnsucht danach in mir aufsteigen und öffnete ihr mein Herz. Da tauchte plötzlich die Erinnerung an das Gefühl von Macht auf, das ich kürzlich entdeckt hatte. Mit der Erinnerung kam auch sofort das Gefühl, und dabei beobachtete ich, wie ein Magnetismus in meinem Energiefeld entstand. Es war offenbar eine Kraft, die Dinge zu mir hinzog. Ich erkannte: So wie Sehnsucht eine Kraft ist, die vom Herzen aus nach vorne hin zu ihrem Ziel zieht, ist Macht eine Anziehungskraft, die etwas zu mir hinzieht.

Was ich als Nächstes bemerkte, war, dass mein Wunsch sich tatsächlich erfüllt hatte. Die Situation hatte sich schlagartig verändert – zu meiner vollen Zufriedenheit.

Ich könnte dir nun erzählen, dass ich seit diesem Zeitpunkt über eine geradezu magische Macht verfüge … aber das ist nicht der Fall. Macht ist ein Gefühl, das ich in diesen Momenten kennengelernt habe, ebenso wie ich Sehnsucht und anderen Gefühlen begegnet bin. Der entscheidende Unterschied zu vorher besteht darin, dass ich jetzt weiß, dass Macht ein Gefühl ist, und es jederzeit fühlen kann. Dass Ohnmacht ein Gefühl ist, und ich es jederzeit als solches erkennen und fühlen kann, sobald es auftaucht, weiß ich auch. Ich muss es nicht mehr für eine gegebene Tatsache halten oder es zu bekämpfen versuchen. Auf diese Weise sind meine Handlungsmöglichkeiten und meine

Möglichkeiten, etwas zu bewegen, weniger eingeschränkt, als sie es vorher waren – vorausgesetzt ich bin wach und habe meine Bewusstheit eingeschaltet.

BEISPIELE TEIL 2:
DER HEXENSCHUSS –
DIE GESCHICHTE MEINER BEFREIUNG

Bei der Geschichte von Macht und Ohnmacht, die ich im vorigen Kapitel erzählte, habe ich zum ersten Mal die Entdeckung gemacht, dass eine Sehnsucht mich zu einem positiven Gefühl führt, das ich nie zuvor in mir bemerkt, von dem ich auch nie angenommen hatte, dass es ein Gefühl ist. Ich hatte es wie alle Welt ganz selbstverständlich für eine Tatsache, einen äußeren Umstand gehalten. Hier ist ein weiteres Beispiel für eine solche Entdeckung.

Ich hatte einen Hexenschuss. Aus Erfahrung wusste ich, dass sich in körperlichen Symptomen oftmals Gefühle verbergen. Deswegen nutzte ich den ersten freien Moment, um mich auf diesen Schmerz zu konzentrieren und herauszufinden, welches Gefühl sich wohl darin ausdrücken mochte. Ich entdeckte den emotionalen Schmerz des Eingesperrtseins darin. Danach wurde mir klar, dass sich ein Teil von mir schon lange eingesperrt gefühlt hatte – vielleicht schon immer? –, allerdings hatte ich diesem Gefühl nie Aufmerksamkeit geschenkt. Das holte ich nun nach, lernte es bewusst und aufmerksam als Gefühl kennen. Daneben entdeckte ich eine Sehnsucht nach Freiheit. Sie malte mir in lebhaften Farben aus, wie es sein könnte: Bilder eines Lebens in Freiheit, wo ich nach Lust und Laune dort leben könnte, wo ich wollte, und tun wozu ich Lust hatte und wann und wie ich es wünschte. Ich versetzte mich in diese Szenen hinein, und erforschte, wie es sich anfühlte, so zu leben, und wie ich mich darin fühlte: Frei. Ich fühlte Freiheit.

Im selben Moment wurde mir klar: Freiheit ist ein Gefühl! Ohne es jemals zu hinterfragen, war ich immer ganz selbstverständlich davon ausgegangen, Freiheit sei eine Tatsache, eine bestimmte Anordnung von Umständen und zwar eine, die für mich schwer bis unmöglich zu erreichen wäre. Ich atmete in vollen Zügen und erlaubte dem Gefühl von Freiheit, sich in mir auszubreiten. Welch eine Entdeckung. Ich fühlte mich frei und völlig unabhängig von den Umständen. Es war einfach ein Gefühl. Nun sah ich meine Lebensumstände nicht mehr als Gefängnis an, sondern fühlte mich frei darin. Aus diesem Gefühl von Freiheit heraus wurde auf einmal Handeln wieder möglich, und damit Bewegung, Erneuerung, Veränderung.

Nach diesen Entdeckungen ging ich wieder an meine Schreibtischarbeit und vergaß die Sache erst einmal. Als ich etwas später vom Stuhl wieder aufstand, merkte ich zu meiner Überraschung, dass mein Rücken nicht mehr blockiert war. Ich konnte mich wieder frei bewegen, jedenfalls in körperlicher Hinsicht.

Im übertragenen Sinne fällt es mir seitdem wesentlich schneller als zuvor auf, bei welchen Gelegenheiten und auf welche Weise ich automatisch davon ausgehe, mich einschränken zu müssen. Ich erkenne diese Gedanken und Gefühle als solche, bin nicht mehr damit identifiziert. Und auch nicht mehr mit der Idee, mich davon befreien zu müssen. Wie das Leben aber so spielt: Neue Probleme, neue Themen sind aufgetaucht und haben das Gefühl von

Freiheit in den Hintergrund gedrängt. Jedoch ist es mir möglich, es jederzeit aus der Schublade zu holen und zu fühlen. Dann geht mein Atem tiefer, meine Brust weitet sich, mein Horizont wird größer, und ein Lächeln zaubert sich auf meine Lippen. Ich fühle mich frei. Und ich weiß, es ist ein Gefühl.

BEISPIELE TEIL 3:
EINE UNERFÜLLBARE SEHNSUCHT
UND EIN PERFEKTES HAPPY END

Tanja hat ein Problem. Sie ist in Daniel verliebt, der jedoch ihre Gefühle nicht erwidert. Er hat sie zwar sehr gern, ist aber homosexuell.

Jede Sehnsucht erfüllt sich, habe ich irgendwann einmal behauptet.

Was bedeutet das aber für Tanja? Dass Daniel plötzlich seine Heterosexualität entdeckt? Sicherlich ist es das, was sie sich heimlich wünscht, aber wäre das die Erfüllung ihrer Sehnsucht?

Wir wissen oft gar nicht, wonach wir uns wirklich sehnen. Warum verliebt sich Tanja nun ausgerechnet in Daniel? Weil sie sich nach einem bestimmten Gefühl sehnt. Wenn sie sich vorstellt, mit Daniel zusammen zu sein, hat sie dieses Gefühl. Aber das ist ihr nicht bewusst. Sie weiß nicht, dass dieses Gefühl, ausgelöst durch ihre Tagträume, jetzt schon da ist. Sie denkt, es liege in der Zukunft – in einer sehr unwahrscheinlichen, eigentlich unmöglichen Zukunft, in der Daniel endlich ihre Gefühle erwidert.

Einer verliebten Person wie Tanja kann man nicht verständlich machen, dass es in Wirklichkeit nicht der Mensch ist, nach dem sie sich sehnt, sondern das Gefühl, das dieser Mensch in ihr auslöst.

»Mal abgesehen davon, dass er schwul ist und du ihn sowieso nicht bekommst«, könnte man ihr klarzumachen versuchen, »was wäre, wenn er sich nun auf dich einließe, sich aber dann ganz anders verhalten würde, als du es dir ausgemalt hast und du kreuzunglücklich dabei wirst?« »Egal«, wird Tanja sagen. »Ich liebe ihn. Ich will ihn.« Deshalb ist es zwecklos, mit ihr zu reden.

Aber Tanja leidet an ihrer Verliebtheit, und deshalb ist sie dem Vorschlag, einmal in sich zu gehen und sich über ihre wahren Gefühle klar zu werden, nicht abgeneigt. Im Allgemeinen machen wir uns erst dann die Mühe, nach innen zu schauen, wenn es uns schlecht geht. Sie ruft sich also ihre Tagträume in Erinnerung, in denen sie sich vorstellt, mit Daniel zusammen zu sein, und versucht herauszufinden, welches Gefühl sie dabei empfindet. Zu ihrem Erstaunen entdeckt sie, dass es das Gefühl von Verbundenheit ist. Da wird ihr klar, warum sie sich so nach Daniel sehnt.

Tanja ist als Einzelkind aufgewachsen, und als kleines Mädchen hat sie sich oft einen Bruder gewünscht, mit dem sie ihre Gedanken, Träume und Erlebnisse hätte teilen können. Da sie keinen Bruder hatte, konnte sie nicht wissen, dass Brüder sich in der Regel für ganz andere Dinge interessieren. Daniel entspricht durch seine Art, seine Ausstrahlung, sein Wesen ihrer Vorstellung von diesem Ideal-Bruder. Daher nimmt sie unbewusst an, dass eine Partnerschaft mit Daniel sie von der Einsamkeit erlösen und ihr das Glück der Verbundenheit bescheren würde.

Nun findet Tanja heraus, dass Verbundenheit ein Gefühl ist und keine äußere Angelegenheit. Sie konzentriert sich also darauf, dieses Gefühl gründlich kennenzulernen, und fragt sich, was es von ihrem Herzen braucht. Es möchte gefühlt werden, und zwar viel und oft, erkennt sie. So übt sie von diesem Tag an, es sich immer wieder in Erinnerung zu rufen und zu fühlen.

Zu ihrer Verwunderung erweist sich Verbundenheit als etwas, das sie auch allein fühlen kann. Dies Gefühl wahrzunehmen, verändert ihre Beziehung zu anderen Menschen und auch die zu Daniel. Anstatt ihn als Objekt ihrer Sehnsucht wahrzunehmen, fühlt sie sich ihm nun verbunden. Das verschafft ihr Zugang zu seinem Herzen. Plötzlich kann sie erkennen, wie sich Daniel eigentlich fühlt. Dieser spürt das und empfindet Tanjas Begehren nun nicht mehr als bedrohlich. Er fühlt sich von ihr als der, der er ist, gesehen und respektiert. Daniel und Tanja nähern sich einander an und entwickeln eine innige Beziehung. Diese Beziehung ist nicht sexuell, denn Daniel ist ja schwul, aber das muss sie auch nicht sein, denn in Tanjas Gefühlen gegenüber Daniel ging es gar nicht um Sex, sondern um Verbundenheit.

Tanja erlebt die Verwirklichung ihrer Sehnsucht, die Verbundenheit mit Daniel, mit Dankbarkeit, aber sie ist nicht mehr süchtig danach. Bald darauf tritt ein Mann in ihr Leben, mit dem sie das neu entdeckte Gefühl der Verbundenheit auf eine noch umfassendere Weise (die auch die sexuelle Ebene einschließt) teilen kann. Daniel aber bleibt ihr bester Freund, und die Beziehung zu ihm wird noch manche Liebesgeschichte überleben.

SELBSTGEBAUTE HINDERNISSE TEIL 1: AUS UNKENNTNIS WÜNSCHEN WIR UNS DAS FALSCHE

So wie Tanja wissen die meisten von uns nicht, was sie sich wirklich wünschen. Wir wünschen uns so viele falsche Dinge – falsch in Bezug auf das, wonach wir uns in Wirklichkeit sehnen, worüber wir uns aber nicht im Klaren sind. Daher halte ich es nicht für ratsam, mit geistigen Wunsch-Erfüllungs-Techniken oder gar magischen Methoden dafür zu sorgen, dass unsere Wünsche in Erfüllung gehen. Oder man belegt nach dem Kurs: »Wie bekomme ich, was ich mir wünsche« gleich noch einen weiteren: »Wie werde ich es schnellstmöglich wieder los«.

Es ist immer ratsam, unsere Wünsche zu hinterfragen. Warum wünsche ich mir das? Was bezwecke ich damit? Was ist mein eigentlicher Wunsch?

Ein Beispiel:

Ich wünsche mir ein Haus mit dicken Mauern.

Warum wünsche ich mir ein Haus mit dicken Mauern? Weil ich gehört habe, dass sehr dicke Steinmauern vor Mobilfunk schützen. Ich möchte also in einem strahlengeschützten Haus leben. Warum möchte ich in einem solchen Haus leben? Um endlich wieder fit und gesund sein zu können. Warum wünsche ich mir nicht gleich, fit und gesund zu sein? Wenn »funkfrei wohnen« und »dicke Mauern« dazu notwendig sind, sind diese Voraussetzungen in dem Wunsch »fit und gesund« zu sein ja automatisch eingeschlossen.

Anders ist es, wenn ich Häuser mit dicken Mauern liebe.

Ich wünsche mir ein Haus mit dicken Mauern.

Warum? Weil ich dicke Mauern liebe. Ich weiß nicht, warum.

Die einfachste und zugleich gründlichste Weise herauszufinden, was wir uns wirklich wünschen, ist der Weg über die bildliche Vorstellung. Wir müssen gar nicht an unseren Wünschen herumdoktern. Wir nehmen sie, wie sie sind, wir brauchen sie nur bewusst zu empfinden, und schon können wir die dazugehörige Vorstellung wahrnehmen. Ganz unwillkürlich stellen wir uns ja vor, was wir uns wünschen. In dieser Vorstellung können wir das entdecken, worum es uns wirklich geht. Das Gefühl, das wir damit erzielen möchten.

Führen wir unser Beispiel fort:

Das ist das Haus, von dem ich träume. Schöne alte Steinmauern. Ich sehe mich in diesem Haus. Es ist meins. Ich wohne darin. Wie fühle ich mich?

Wohl.

Ich fühle mich wohl darin. Das ist, wonach ich mich sehne. Mich wohl zu fühlen. Da ich das Gefühl durch diese Vorstellung nun entdeckt habe, ist es jetzt in mir vorhanden. Ich fühle mich schon so. Nun kann ich ihm noch einen Platz in meinem Herzen geben, indem ich mich frage, was es von mir braucht.

Ob es tatsächlich dieses Gefühl ist, wonach wir uns wirklich sehnen, finden wir heraus bei der Gegenprobe.

Ich fühle mich also wohl. Ich nehme dieses Gefühl bewusst in mir wahr, gebe ihm Raum … Brauche ich jetzt das Haus mit dicken Mauern noch? Ist es immer noch wichtig?

Wenn das Wohlgefühl das Ziel meiner Sehnsucht war, brauche ich das Haus jetzt nicht mehr. Vielleicht habe ich immer noch eine Vorliebe für alte Steinhäuser, weil ich sie einfach schön finde, aber ich muss jetzt nicht mehr unbedingt in einem solchen Haus wohnen. Mir ist klar geworden, dass mein Wohlgefühl nicht von dicken Mauern abhängt. Ich könnte sogar den Fehler begehen, ein Haus auszuschlagen, in dem ich mich sehr wohl fühlen würde, und das nur, weil seine Mauern meiner Vorstellung nach nicht dick genug wären.

Wenn ich jedoch merke, dass ich trotz des Wohlgefühls noch immer unzufrieden bin und an der Vorstellung der dicken Mauern weiterhin festhalte, wiederhole ich das Ganze:

Ich versetze mich noch einmal in meine Lieblingsvorstellung hinein. Da ist das schöne Haus mit den dicken Steinmauern ... Ich befinde mich im Innern, ich wohne darin ... Ich fühle mich wohl ... und wie fühle ich mich noch?

Geborgen.

Geborgenheit ist also ein weiteres Gefühl, das ich mir von dicken Mauern verspreche. Durch die Vorstellung habe ich es in mir entdeckt, ich lerne es kennen ... öffne mein Herz dafür ... und jetzt, da ich mich »wohl« und »geborgen« fühle, merke ich, dass ich nicht mehr unbedingt dicke Mauern um mich haben muss.

Oder ich mache die Gegenprobe:

Ich habe also das Wohlgefühl entdeckt und stelle mir jetzt vor, auf das Haus mit den dicken Mauern zu verzichten und mich für die Idee zu öffnen, in irgendeinem Haus zu wohnen, auch einem mit dünneren Mauern. Ist das jetzt für mich in Ordnung? Oder wie fühle ich mich mit dieser Vorstellung?

Aha, ich merke, dass ich damit nicht zufrieden bin.

Ich schaue mir das näher an. Ich wohne also in einem

normalen Haus mit dünnen Mauern. Wie fühle ich mich? Irgendwie ungeborgen …

Damit wollen wir unser Gedankenexperiment beenden.

So findet man auch heraus, um welches Gefühl es eigentlich geht. In diesem Fall eben um Geborgenheit.

Und, sei versichert: Es geht immer um ein Gefühl. Denn Fühlen ist unser inneres Erleben; man könnte auch sagen unser Erleben. Ein äußeres Erleben gibt es nicht. Wie wir uns fühlen ist wie wir etwas erleben – und wenn wir alles haben, es jedoch nicht (bewusst) erleben, nützt uns alles nichts.

WIE WIR UNSERE WÜNSCHE TORPEDIEREN TEIL 2

Sehnsucht ist schöpferisch. Sie erschafft das Gewünschte, beziehungsweise bringt es hervor, ans Licht, indem sie uns darauf aufmerksam macht, dass es existiert. Viele unserer Sehnsüchte nehmen wir jedoch gar nicht wahr, da wir sie einst für aussichtslos, verboten, lächerlich oder unwichtig erklärt haben. Oder weil wir uns mit einer Sehnsucht identifizieren, die mit einer anderen nicht vereinbar zu sein scheint. Manchmal formulieren wir unsere Wünsche auch so kompliziert und knüpfen so viele Bedingungen daran, dass ihre Erfüllung so gut wie unmöglich wird.

Hier möchte ich die zwölf beliebtesten Arten aufzählen, wie wir unsere Wünsche torpedieren:

1. Die Sehnsucht deckeln

Wir halten unsere Sehnsucht unter einem Deckel. Aus diesem Grund bemerken wir sie gar nicht und können ihr keine Aufmerksamkeit schenken. Solche Deckel erkennen wir in Aussagen wie diesen: »Es ist unmöglich.« »Es ist zwecklos.« »Für mich gibt es so etwas nicht.« »Es darf nicht sein.« »Es ist zu schön, um wahr zu sein.« »Ich verdiene es nicht.« »Solche Wünsche sind verachtenswert.« »So etwas wünscht man sich nicht.« »Es ist lächerlich. Kindisch und Dumm.« »Ich muss mich dafür schämen.«

Lösungsmöglichkeiten:

Schalte deine neutrale Bewusstheit ein. Spüre deinen Atem und nimm dir vor, die Sehnsucht als Gefühl kennenzulernen, ohne sich mit ihr zu identifizieren. Wo spürst du sie in deinem Körper? Wie fühlt es sich an, diese Sehnsucht zu haben? Prüfe, was diese Sehnsucht von deinem Herzen braucht und probiere dabei die Schlüsselworte durch, die ich in Teil 2 vorgestellt habe.

Auf diese Weise entfernt sich meist der Deckel von selber, in dem Augenblick nämlich, da die Sehnsucht dein Herz berührt und dieses sich durch den entsprechenden Schlüssel öffnet.

Sollte dies nicht der Fall sein, ist es unerlässlich, dich erst dem Teil in dir zuzuwenden, der diese Sehnsucht ablehnt. Versetze dich in diesen Teil hinein, identifiziere dich absichtlich mit ihm. Erfahre, wie er sich fühlt. Öffne dein Herz für all seine Gefühle, also auch für seine Ängste und Wünsche.

Danach sollte es dir möglich sein, zur Sehnsucht zurückzukehren und auch ihr dein Herz zu öffnen.

2. Den Wunsch zu kompliziert aufbauen

»Ich wünsche mir für uns ein großes Haus mit vielen Räumen, damit jeder von uns genügend Raum für sich selber hat, sodass ich endlich anfangen kann, mich um meine eigenen Projekte zu kümmern«, erzählt mir Ingrid.

Sie lebt mit ihrem Mann in einer kleinen Wohnung und leidet darunter, dass sie sich nie zurückziehen und um ihre eigenen Angelegenheiten kümmern kann. Bald darauf ziehen sie tatsächlich in ein großes Haus mit vielen Räumen. Ich freue mich für sie. Endlich ist ihr Wunsch in Erfüllung gegangen. Als ich sie eine ganze Weile später wieder treffe, klagt sie immer noch darüber, dass sie sich nicht um ihre eigenen Projekte kümmert.

»Aber du hast doch jetzt genügend Raum für dich selber?«, fragte ich erstaunt. Worauf Ingrid ausholt: »Das schon, aber ich nehme mir keine Zeit dafür. Ich schaffe es einfach nicht. Zum einen ist das Haus zu groß, und ich bin die ganze Zeit damit beschäftigt, es einigermaßen in Ordnung zu halten. Wenn ich dann einmal Zeit für mich selber habe, sitze ich lieber mit meinem Mann zusammen. Wenn ich mich doch einmal zurückziehe, ist mir die Entfernung zu ihm zu groß. Ich halte es nicht lange aus, in meinem Zimmer allein zu sein, während er am anderen Ende des Hauses sitzt und ich nicht weiß, ob er überhaupt noch anwesend ist.«

Gemeinsam beleuchten wir ihr Dilemma und es stellt sich heraus: Was sie sich eigentlich wünscht, ist nicht ein großes Haus mit vielen Zimmern, sondern Raum für sich selber zu haben. Darunter versteht sie, sich bestimmten Tätigkeiten zu widmen, die ihrer Ansicht nach ein Alleinsein erfordern. Bei näherer Betrachtung merkt sie aber, dass auch dies eigentlich nur ein Gedanke ist und nicht unbedingt die Wahrheit. In Wirklichkeit will sie einfach ein bisschen träumen und sich ihre Tagebuchnotizen machen. Sie ist immer davon ausgegangen, dafür räumlich allein sein zu müssen. Auf der anderen Seite hatte sie genau davor große Angst, und deswegen diese »einsamen« Tätigkeiten stets auf später verschoben, eben »wenn wir einmal eine größere Wohnung haben«.

Ingrid und ihr Mann geben das große Haus bald darauf wieder auf und ziehen in ein kleines Häuschen, wo sie entdeckt, dass sie sich am besten in ihre Träumereien vertiefen kann, während ihr Mann in ihrer Nähe und mit seinen Angelegenheiten beschäftigt ist.

3. DINGE MITEINANDER VERKNÜPFEN, DIE NICHT ZUSAMMENGEHÖREN

Ein Freund von mir will unbedingt nach Indien. In Goa am Strand zu sein, ist für ihn der Gipfel des Glücks. Er sitzt aber nun in Deutschland und hat kein Geld. »Ich muss unbedingt diesen Job haben«, sagt er mir, »damit ich genügend Geld verdiene, um nach Goa gehen zu können.« Ich mache ihn darauf aufmerksam, dass er hier Dinge verbindet, die sich nicht zwangsläufig miteinander verknüpft sein müssen: a) den Job haben, b) genügend Geld ansammeln, c) nach Goa gehen und d) glücklich sein. Diese Wünsche hat er zu einer Kette zusammengeknüpft.

»Ich mag den Job eigentlich nicht«, sagt er, »aber ich brauche ihn, um meinen Traum zu verwirklichen.«

In Wirklichkeit will er nicht den Job, sondern Goa. Ich schlage ihm vor, sich gleich zu wünschen, in Goa zu leben, wenn es das ist, was er eigentlich will. Vielleicht macht der

Umweg über den Job die Sache viel zu kompliziert. Wenn er sich direkt Goa wünscht, wäre eine Spektrum von Möglichkeiten denkbar: Dieser Job oder ein beliebig anderer, der vielleicht mehr Geld brächte oder bei dem man ihn nach Goa schicken würde. Vielleicht würde er auch jemanden kennenlernen, der ihn einlädt. Er könnte eine Reise gewinnen, einen Job in Goa angeboten bekommen. Vorstellbar ist auch, dass ihm jemand Geld für das Ticket leihen würde, und sich an Ort und Stelle wieder neue Möglichkeiten des Gelderwerbs ergäben, sodass er das geliehene Geld zurückgeben und dort auf bescheidene Weise weiterexistieren könnte. »Ich will aber nicht auf bescheidene Weise existieren«, entgegnet er. »Ich bin an einen gewissen Komfort gewöhnt, und ohne den will ich nicht leben.« In Wirklichkeit hat er also zwei Wünsche: a) in Goa leben und b) Komfort.

Er kann ganz einfach sein Herz für diese beiden Wünsche öffnen. Möglicherweise tun sich Wege auf, beides miteinander zu vereinbaren. Kann sein, dass der Job, den er meint unbedingt haben zu wollen, ihm das ermöglicht. Es kann aber auch sein, dass genau dieser Job ihn daran hindern wird.

Ziehen wir Zwischenbilanz:

Unser Freund will also nach Goa, und er will in einem gewissen Komfort leben. Das sind seine Wünsche.

Außerdem hat er einen sehr anspruchsvollen Beruf und möchte eigentlich auch gerne in diesem Beruf Erfüllung finden, sprich die Karriereleiter emporklettern und einen Posten bekommen, in dem er kreativ und eigenverantwortlich handeln kann. Das alles lässt sich mit seiner Vorstellung von »in Goa am Strand sitzen« nicht vereinbaren.

»In Indien gibt es auch Möglichkeiten, in deinem Beruf zu arbeiten«, sage ich.

»So gut wie unmöglich«, meint er. »Und wenn, dann verdiene ich da ganz wenig.«

»Macht doch nichts«, sage ich, »denn in Goa am Strand brauchst du nicht viel Geld.«

»Ich will aber einen gewissen Komfort«, beharrt er eigensinnig.

So dreht er sich im Kreis und vereitelt die Erfüllung seiner Wünsche durch eine Reihe gedanklicher Verknüpfungen. Das machen wir alle gern. Wenn wir die Verknüpfungen auseinanderdividieren, bleiben drei Wünsche übrig:

Ich will in Goa am Strand sitzen.

Ich will in einem gewissen Komfort leben.

Ich will in meinem Beruf kreativ und eigenverantwortlich arbeiten.

Ich schlage ihm vor, für jeden dieser Wünsche sein Herz aufzumachen und zu schauen, was passiert. Gottes Wege sind unerforschlich.

Noch leichter und noch näher an der Wahrheit wäre es allerdings, wenn er jeden seiner Wünsche hinterfragen würde.

Dazu stelle ich ihm folgende Fragen: »Wozu willst du in Goa am Strand sitzen? Wie würdest du dich dort fühlen? Stell dir vor, du wärest da. Schließe deine Augen und stelle es dir wirklich vor. Wie fühlst du dich?«

»Frei und entspannt.«

»Das ist es, wonach du dich sehnst. Dich frei und entspannt zu fühlen. Nun denk an den Komfort, den du dir wünschst. Stell dir vor, in diesem Komfort zu leben. Wie fühlst du dich?«

»Sicher.«

»Danach sehnst du dich in Wirklichkeit. Du möchtest dich sicher fühlen. Und nun denk an deinen Beruf und stell dir vor, du könntest bereits kreativ und eigenverantwortlich arbeiten. Stell es dir wirklich vor. Versetz dich in die Lage. Wie fühlst du dich?«

»Frei und freudvoll …«

»Ist das alles?«

» …und erfüllt.«

»Fassen wir also zusammen, wonach du dich sehnst: Du möchtest dich frei, entspannt, freudvoll, erfüllt und sicher fühlen. All dies sind Gefühle. Du brauchst nur deiner Sehnsucht im Geist zu folgen und dir vorzustellen, was du dir wünschst, und du kannst diese Gefühle in dir finden, kannst dich jetzt schon so fühlen.

Ich bin sicher, wenn du dich jetzt schon so fühlst, musst du nicht mehr unbedingt nach Goa, aber es wird für dich kein Problem mehr darstellen, dir diesen alten Traum wie alle anderen Träume auch zu erfüllen. Du hast nun die beste Voraussetzung geschaffen, damit alles dafür Notwendige dir zufliegt und alle deine Begegnungen dich in der Verwirklichung deiner Sehnsucht unterstützen werden.«

So weit, so gut, aber wir haben bei meinem Freund noch einen heiklen Punkt übersehen, zu dem wir jetzt kommen.

4. Anderen die Verantwortung in die Schuhe schieben

Ganz tief im Innern hegt nämlich unser Freund einen tiefen Groll. Gegen das Leben, gegen Gott, gegen seine Eltern – irgendeinen Groll, der ihn veranlasst, nicht ganz die Verantwortung für sein Glück zu übernehmen, sondern einen Großteil dieser Verantwortung einer Instanz außerhalb seiner selbst in die Schuhe zu schieben. Irgendetwas muss in seiner Vergangenheit geschehen sein, was diesen

Groll und den Schmerz der Ungerechtigkeit in ihm hinterlassen hat. Da Ungerechtigkeit aber weh tut, fühlt er diesen Schmerz nicht, sondern wehrt sich dagegen mit Groll.

Die zerstörerische Kraft, die diesem Groll innewohnt, richtet er gegen sich selber. Irgendwie schafft er es, alles zu vereiteln, was ihm Freude, Erfolg, Glück und Erfüllung bringen könnte, und aus der daraus resultierenden Bitterkeit zieht er eine seltsame Befriedigung. Es ist, als wolle er sagen: »Seht her, was ihr aus mir gemacht habt«. Das Unrecht, das ihm angetan wurde, muss unbedingt, wenn schon nicht gesühnt, dann wenigstens erkannt werden. Ließe er es sich einfach gut gehen, würde es ja niemand bemerken, also lässt er es sich sehr schlecht gehen.

Wie kommen wir aus diesem Dilemma nun heraus?

Wenn wir uns als Opfer empfinden, geht es letztendlich um Gerechtigkeit. Wir sind mit dem Gedanken und dem Schmerz der Ungerechtigkeit identifiziert und mit dem Wunsch nach Gerechtigkeit. Wenn ich Opfer bin, ist der Täter der Ungerechte, und ich in der Rolle des Gerechten. Wenn ich auf meine emotionale Verfassung achte, merke ich, dass ich mich »gerecht« fühle (ist auch ein Gefühl!), und dabei fällt mir auf, dass es klingt wie »gerächt«. Es ist wahr, gerächt fühle ich mich auch, denn meiner Einbildung nach wird der »Bösewicht« durch mein Elend bestraft, weil er dadurch nämlich das Ausmaß des von ihm begangenen Unrechts erkennt.

Idiotisch? Aber mal ganz ehrlich: Hast du dir niemals als Kind vorgestellt, morgens tot aufzuwachen und dir dabei mit einer gewissen grausamen Befriedigung ausgemalt, wie deine Eltern an deinem Bett stehen und sich vor Verzweiflung die Haare raufen – nachdem sie endlich eingesehen haben, was sie dir angetan hatten?

Die meisten von uns kennen diese Fantasie sehr gut, und wir schleppen die gleichen Gefühle zeitlebens mit uns herum. Projizieren sie auch gerne auf unsere Lebenspartner. Dadurch untergraben wir manche unserer Wünsche. Ich würde mir das ja wünschen, aber wenn dieser Wunsch in Erfüllung ginge, bliebe das empörende Verhalten meines Partners/meines Vaters/meiner Mutter/oder des lieben Gottes ungerächt, und das wäre ungerecht. Und Ungerechtigkeit halte ich nicht aus.

Ungerechtigkeit ist ein Gefühl (das auf einem Gedanken beruht). »Nicht aushalten können« ist auch ein (auf einem Gedanken basierendes) Gefühl. Beides mitsamt dem Wunsch nach Gerechtigkeit können wir bewusst fühlen, anstatt damit identifiziert zu sein. Für all diese Gefühle können wir unser Herz öffnen, sofern wir sie eines Tages auf dem Grunde unserer selbstzerstörerischen Verhaltensweisen entdecken. Und auch für die Sehnsucht, die bisher wegen unserer Identifikation mit diesen Gedanken und Gefühlen niemals zum Zug kommen konnte.

Manchmal stecken auch andere Gefühle dahinter, wenn wir die Erfüllung unserer Wünsche vereiteln. Es gibt eine einfache Art, dahinterzukommen, warum wir das eigentlich tun. Wir stellen uns vor, auf unsere üblichen Gedankenmuster zu verzichten, um die versteckten Gefühle hervorzulocken.

Ich male mir also aus, es ginge mir gut, ich hätte Erfolg, Glück, wäre gesund, oder was immer ich mir bisher versagt habe. Ich übernähme jedenfalls die Verantwortung für meine Wünsche und sorgte für ihre Erfüllung. Dann achte ich darauf, welche Gefühle diese Vorstellung auslöst. Da gibt es mit Sicherheit ein positives Gefühl, das bewusst wahrgenommen werden will, aber sicherlich auch ein negatives, zum Beispiel Angst: Wovor? Vor Ungerechtigkeit im oben beschriebenen Sinne? Oder davor, abgelehnt zu werden? Verurteilt zu werden? Schuldig zu sein? Vielleicht privilegiert – was wieder auf eine Ungerechtigkeit hinausliefe, nur von der anderen Seite aus betrachtet?

Wenn Gerechtigkeit unser Thema ist, so gibt es immer den Schmerz der Ungerechtigkeit, der verbunden ist mit Empörung, Zorn, Wut, nicht aushalten können, eventuell Traurigkeit und Ohnmacht. Daneben existiert die Sehnsucht nach Gerechtigkeit. Wenn wir nun beiden unser Herz öffnen, erwachen wir aus der Identifikation mit den dahintersteckenden Gedanken, und entdecken vielleicht eine tiefere Sehnsucht darunter, eine die jenseits von »Ungerechtigkeit« und »Gerechtigkeit« liegt. Es kann die Sehnsucht nach Liebe auftauchen, im passiven Sinne, also geliebt werden. Über diese Sehnsucht können wir auch das Gefühl, geliebt zu sein, ausfindig machen. Die interessante Konsequenz dieser Entdeckung ist, dass wir uns sofort an eine Quelle von Liebe angeschlossen fühlen und dadurch in einen Zustand von Selbstliebe gelangen. Mit Selbstliebe schauen wir wohlwollend auf unsere Wünsche und kümmern uns um sie, anstatt sie zu torpedieren.

5. Sich zuviel auf das Gegenteil konzentrieren

Dies ist auch ein beliebter Wunschkiller. Man wünscht sich etwas, bekommt es nicht, und überlagert nun seinen Wunsch mit Groll oder Bitterkeit. Ist man mit diesem Groll oder dieser Bitterkeit identifiziert, setzt man seinen Fokus nur noch auf den unerwünschten, aber nie auf den erwünschten Zustand. So wird das aber nie etwas. Man muss seinen Wunsch schon ein wenig pflegen, wenn daraus eine Realität werden soll.

Hier kann Folgendes helfen:

Schalte deine neutrale Bewusstheit ein, trenne die verschiedenen Gefühle voneinander – Sehnsucht, Enttäuschung, Frustration, Wut, Groll, Bitterkeit – und öffne für jedes von ihnen dein Herz, indem du feststellst, was diese Gefühle von dir brauchen.

Dann wirst du beobachten können, wie deine Sehnsucht sofort wieder schöpferisch zu werden beginnt und dir ausmalt, wie es wäre, wenn … Begib dich in diese Szenen hinein und entdecke das schöne Gefühl darin.

6. Einen anderen, scheinbar unvereinbaren Wunsch dagegensetzen

»Ich hätte auch gern die Geborgenheit einer festen Beziehung, aber die kann ich leider nicht haben, denn Freiheit ist mir wichtiger. Wenn ich in einer festen Beziehung bin, kann ich keine Freiheit haben.« Oder umgekehrt. »Ich wäre auch gern so frei wie du … Aber auf die Geborgenheit einer festen Beziehung kann und will ich nicht verzichten. Da verzichte ich lieber auf die Freiheit.«

Erst einmal muss man natürlich erkennen, dass oben genannte Aussagen eine Art zu denken wiederspiegeln, aber nicht unbedingt die Wahrheit. »Aha, ich denke also offenbar, dass Freiheit und feste Beziehung unvereinbar sind.« Das ist Erwachen. Und an diesem Punkt sollte man sein Herz einschalten.

Der Verstand kennt Widersprüche, das Herz jedoch nicht. Das Herz kennt nur die Wahrheit. Und in Wahrheit wünscht sich die Person, die so spricht, beides, sowohl die Freiheit als auch die Geborgenheit.

Ich schlage bei solch einem Dilemma also vor: Erst einmal Abstand nehmen. Bewusste Wahrnehmung einschalten, die Position des unbeteiligten Zeugen einnehmen. Den Atem spüren, den Körper spüren.

Dann alle auftauchenden Gefühle bewusst wahrnehmen, ohne sich mit einem von ihnen zu identifizieren.

Vielleicht gibt es zu Anfang ein Gefühl von Zwiespalt oder Zerrissenheit wahrzunehmen. Später entdecken wir die beiden einander entgegengesetzten Gefühle: die Sehnsucht nach Geborgenheit und die Sehnsucht nach Freiheit, und öffnen unser Herz erst für das eine, dann für das andere. In dem Moment, da sich unser Herz für beide Gefühle geöffnet hat, erkennen wir, dass es in Wirklichkeit keinen Widerspruch gibt. Wir können darauf verzichten, mit dem Verstand eine Lösung herbeiführen zu wollen, denn irgendwie ahnen wir, dass sie von selber kommt.

Gehen wir noch einen Schritt weiter, und betrachten wir auch das Gefühl, auf das sich jeweils unsere Sehnsucht bezieht, so werden wir merken, dass es überhaupt kein Problem gibt. Wir versetzen uns jeweils in die Bilder hinein, mit denen sich die entsprechende Sehnsucht ihre Erfüllung ausmalt, und lernen das Gefühl kennen, das uns dies vermittelt. Wir machen uns klar, dass es ein Gefühl ist, stellen fest, was es vom Herzen braucht, und damit sind wir aus der Problematik befreit. In unserem Fall könnten diese Gefühle »Freiheit« und »Geborgenheit« heißen. Da wir nun wissen, dass es sich um Gefühle handelt und nicht um äußere Tatsachen, können wir sie völlig unabhängig von den äußeren Umständen erleben, und zwar beide nebeneinander: Wir fühlen uns frei und geborgen zugleich. Nun können wir wählen, wie wir leben möchten. Oder es einfach so nehmen, wie es ist.

7. »ABER«, UNSER GROSSER WUNSCHKILLER

Matthew ist ein großer Aber-Sager, der dir erzählt, wie gerne er dies oder das tun würde, und wie traurig er darüber sei, dass das nicht möglich ist. Du erkennst sofort den schwachen Punkt an seiner Argumentation und schlägst ihm eine geniale, einfache und auf der Hand liegende Lösung vor und er erwidert: »Ja …, aber …«. Mit seinem »Aber« macht er alles zunichte.

Du kannst stundenlang mit ihm reden, am Ende wirst du vollkommen erschöpft sein. Denn Matthew wird dich immer wieder dazu verführen, dir den Kopf über seine Probleme zu zerbrechen und ihm eine Lösung vorzuschlagen, und einen jeden dieser Vorschläge wird er am Schluss mit einem »Ja, aber« zur Strecke bringen.

Widerfährt dir das einmal, fällst du kein zweites Mal darauf herein, oder jedenfalls kein drittes. Wenn doch, musst du dir dringend einmal anschauen, aus welchen eigenen Gefühlen heraus du dich immer wieder verwickeln lässt: Mitleid? Hilflosigkeit? Wunsch zu helfen? Angst, schuldig zu sein? Wunsch geliebt oder gemocht zu werden? Normalerweise sagst du aber fortan einfach nur noch »Ja, ja« zu Allem, was er erzählt, und hütest dich davor, ihm irgendwelche Vorschläge zu unterbreiten. Matthew aber bleibt mit seinem »Aber« sitzen und kommt nicht weiter.

Ihm ist dieses Problem durchaus bewusst, nur weiß er keine Lösung. Er hat einmal gelesen, man solle »aber« einfach durch das Bindewort »und« ersetzen, aber ihm hat auch dies nicht geholfen. So etwas kann ihm auch nicht gut tun, denn diese Wörtermanipulation übergeht einen Teil von ihm – nämlich den, der »aber« sagt.

Ich schlage Matthew also vor, den Abersager kennenzulernen. Ihn einmal reden zu lassen und ihm zuzuhören. Er soll feststellen, wie er sich dabei fühlt, und sein Herz für diese Gefühle aufmachen. Es stellt sich heraus, dass Matthew deshalb alle Lösungsvorschläge mit »Ja, aber« zunichtemacht, weil er Angst davor hat, sein Problem könne sich lösen. Wenn sein Problem gelöst wäre, könnte er auch niemanden mehr anklagen. Er müsste die Verantwortung übernehmen, was ihm ebenfalls Angst bereitet.

Was können wir tun, wenn wir ein ähnliches Problem wie Matthew haben? Matthew muss, wenn er aus der Problematik herauskommen will, seine Ängste näher anschauen. Was ist so schlimm daran, niemanden mehr anklagen zu können und selber die Verantwortung übernehmen zu müssen? Es erweist sich, dass er dann Angst hätte, zu scheitern. Letztendlich steckt dahinter die Überzeugung und der Schmerz, ein Versager zu sein. Aus dieser Überzeugung kann er erwachen, indem er sie als Überzeugung erkennt, statt sie für eine Tatsache zu halten. Dem Schmerz, der mit dieser Überzeugung verbunden ist, kann er sein Herz öffnen. Vielleicht gibt es daneben eine Sehnsucht nach Erfolg, die bis dahin unter der Versager-Überzeugung begraben gelegen hatte.

Matthew kann auch das Gefühl entdecken, das Erfolg in ihm wecken würde. Vielleicht fühlt er sich dann »erfolgreich«, vielleicht »anerkannt«, »geachtet«, vielleicht aber auch »rehabilitiert«, sofern seine Eltern ihn als Versager abgestempelt und verurteilt hatten. Holt er dieses Gefühl ans Licht und ins Herz, so ändert sich seine innere Realität. Und die Art, wie er die Welt und sein Schicksal betrachtet. Und auf einmal wird Erfolg möglich, mit ziemlicher Sicherheit wird Matthew ein Magnet dafür. Denn Gleiches zieht Gleiches an.

Vielleicht entdeckt er sogar eines Tages eine Sehnsucht nach einer Qualität jenseits von Versagen und Erfolg, beispielsweise die Qualität, geliebt oder anerkannt zu werden, unabhängig von eigenem Erfolg oder Misserfolg. Er kann auch diese Qualität in sich selber finden, indem er dieser Sehnsucht im Geist folgt.

Solange ich nicht mein Herz öffne und die Gefühle hinter meinem »Abersager« nicht klar als solche erkenne, wird das »Aber« aus jedem Konflikt als Sieger hervorgehen.

»Ich möchte so gern nach Tahiti, aber ich habe Angst vor dem weiten Flug.« Wenn ich es so formuliere, ist die Folge ganz klar: Ich bleibe hier. Das »Aber« hat über den Wunsch gesiegt. Wenn ich die Verknüpfung durch »aber« weglasse, bleibt nur: Ich möchte nach Tahiti. Ich habe Angst vor dem Fliegen.

Spürst du den Unterschied? Tahiti ist auf einmal möglich geworden. Vorher hat das »Aber« mir das Fliegen unmöglich gemacht. Jetzt stehen beide Aussagen nebeneinander und ich kann mich nun um jedes einzelne Gefühl separat kümmern.

Um die Sehnsucht, die in diesem Wunsch steckt, ebenso wie um die Angst. Beiden kann ich mein Herz öffnen und der Angst dann auf den Grund fühlen: mir das Schlimme, das ich befürchte, einmal bewusst anschauen, denn auch das ist mit Sicherheit letztlich ein Gefühl. Habe ich dieses Gefühl einmal in mir zugelassen, bewusst durchlebt und als Gefühl erkannt, bin ich nicht mehr so sehr mit der Angst davor identifiziert. Nun kann ich sie als Gefühl bewusst mitnehmen, wenn ich den weiten Flug antrete. Wo aber ist der Abersager geblieben?

Der Abersager weiß um die Existenz dieses Wunsches, und er weiß um die Angst, die er für seine Zwecke einsetzt. Lassen wir ihn sprechen:

»Sie möchte nach Tahiti, aber gottlob hat sie Angst vor dem Fliegen, denn ich will lieber, dass alles bleibt, wie es ist. Ich will keine Veränderung.«

Wenn ich mein Herz aufmache, merke ich, dass dieser Teil in mir Sehnsucht nach Beständigkeit hat, nach Verlässlichkeit. Er fühlt sich erst sicher, wenn es keine Veränderung mehr gibt und alles immer so bleibt, wie es ist. Letztlich ist es also das Gefühl von Sicherheit, das ich hinter dieser »Aber«- Problematik entdecken kann.

8. Den Wunsch verkümmern lassen

Oft ist unsere Selbstliebe oder unsere Selbstachtung zu gering, um unseren eigenen Wunsch ernstzunehmen. »Spielt keine Rolle.« oder: »Ist nicht so wichtig«. Wenn wir jedoch nach innen schauen, werden wir feststellen, dass es uns traurig macht, unsere Wünsche verkümmern zu sehen. Wahrscheinlich werden wir sogar Frustration, Groll, Wut oder Bitterkeit finden. Sanfte, scheinbar selbstlose Menschen, die ihre eigenen Wünsche nicht wichtig nehmen, nach der Devise »kümmert euch nicht um mich«, und lieber andere in den Vordergrund stellen, sind oft, ohne es selbst zu wissen, voller Wut.

Verleugnen wir uns auf diese Weise, steckt immer ein Wunsch dahinter, den wir meist sehr tief vor uns selber verbergen. Vielleicht der Wunsch geliebt, als gut erachtet oder geschätzt zu werden. Und eine Angst verbirgt sich dahinter: vor Ablehnung, Verachtung, Verurteilung oder Schuld. Wir haben vielleicht in unserer Kindheit gelernt, dass wir als egoistisch gelten, sobald wir unsere eigenen Wünsche wichtig nahmen, und um nicht dafür verurteilt zu werden, begannen wir, sie fortan zu verleugnen.

Ich empfehle bei dieser Problematik folgende Lösung:

Hinsehen. Sich das Thema vergegenwärtigen und alle damit verbundenen Gefühle ans Licht und ins Herz holen. Sehnsucht ist ein Gefühl, wie Angst, Schuld, Ablehnung auch welche sind. Selbst das, wonach wir uns sehnen, ist ein Gefühl.

9. Meinen, es nicht zu verdienen

Ich wünsche mir zwar insgeheim etwas, meine aber es nicht zu verdienen. Vielleicht halte ich dies für Demut.

Für diesen Fall schlage ich vor:

Neutrale Bewusstheit einschalten und ansehen, wie du dich fühlst, wenn du sagst »ich verdiene das nicht«. Fühlst du dich dann klein? Unwürdig? Schuldig? Oder bestraft? Öffne dein Herz dafür. Stelle fest, wonach dieser Teil von dir sich sehnt. Öffne dein Herz für diese Sehnsucht und schließlich für das Gefühl, auf das sie sich bezieht.

10. Zu denken
»DAS IST ETWAS FÜR ANDERE, NICHT FÜR MICH«

Manche Dinge scheinen für uns unvorstellbar zu sein. Für andere halten wir sie für erreichbar, nicht aber für uns. Dies wird nur dann zum Problem, wenn wir durch diese Haltung einen echten Herzenswunsch untergraben.

Wir sollten bei dieser Sabotageform folgendes untersuchen:

Wie fühle ich mich mit dem Gedanken, dass es nicht für mich erreichbar ist? In der Regel gibt es neben dem negativen Gefühl, z. B. Traurigkeit, auch ein positives, z. B. Erleichterung. Wie würde ich mich fühlen, wenn ich das Ersehnte besäße oder erreicht hätte?

Wahrscheinlich wirst du auf eine Angst stoßen.

Für Ralf ist es zum Beispiel außer Reichweite, ein Haus zu besitzen. Wieso eigentlich? Um dies herauszufinden, stellt er sich vor, er besäße eines, und schaut sich an, wie sich das anfühlt. Erst einmal ganz gut, ein Gefühl von Sicherheit stellt sich ein. Aber es gibt auch ein Unwohlsein. Ralf entdeckt, dass mit der Vorstellung, ein Haus zu besitzen, ein Bild verbunden ist, ein Bild, das ihn als eine andere Art von Mensch zeigt: gewichtiger, als er sich selber sieht, und zu einer anderen Klasse zugehörig. Einer Klasse, in die er sich offenbar nicht eingliedern will. Er entdeckt, dass er sich als Verräter fühlen würde, wenn er sich dieser Klasse anschließen und ein Haus besitzen würde, ja, bereits wenn er überhaupt genügend Geld dafür zur Verfügung hätte.

Dann sieht er sich das Gegenteil an: Er besitzt das alles nicht – wie fühlt er sich damit? Irgendwie »richtig« und heimisch in der richtigen Klasse. Ralf fühlt sich akzeptiert. Als Hausbesitzer jedoch, so die Angst, würde er Ablehnung erfahren.

Hinter dem Ganzen steckt also eine Angst vor Ablehnung, ein Wunsch, akzeptiert zu werden und letztendlich das Gefühl, akzeptiert zu sein (das auch ein Gefühl ist!). Als Ralf dieses Gefühl in sich entdeckt und ihm einen Platz in seinem Herzen einräumt, kann er sich problemlos vorstellen, ein Haus zu besitzen und im Geld zu schwimmen.

11. ANGST, UNSER HAUPT-VERHINDERER

Hauptsächlich ist es natürlich Angst, die uns daran hindert, uns um die Erfüllung unserer Wünsche und Sehnsüchte zu kümmern. Angst vor Ablehnung, Angst vor Liebesverlust, Angst vor Unsicherheit, Angst vor Schuld, Angst vorm Scheitern, Angst vorm Versagen, Angst vor der eigenen Lächerlichkeit – es gibt viele Ängste, die unserer Sehnsucht im Weg stehen können.

Meine Lösungsstrategie:

Herz aufmachen für unsere Angst; für das Gefühl, auf das sie sich bezieht (indem man sich das vorstellt, wovor man Angst hat, und das Gefühl darin entdeckt); schließlich für unsere Sehnsucht.

Und – der entscheidende Schritt – für das Gefühl, auf das diese Sehnsucht sich bezieht. Uns klar machen, dass es sich hierbei um ein Gefühl handelt, und prüfen, was dieses Gefühl von unserem Herzen braucht.

12. ICH KANN DAS NICHT, ES IST MIR UNMÖGLICH

Manchmal denken wir auch: »Ich würde das ja gerne, aber ich bin nicht der Typ dafür«, oder: »Ich bin einfach nicht so«, oder: »Ich kann das nicht«. Darauf lassen wir unseren Wunsch fallen. Womit die darin steckende Sehnsucht natürlich keineswegs gelöscht ist, sondern eben nicht mehr von uns beachtet wird.

Wie kann der Ausweg aus dieser Blockade aussehen?

Sollten wir uns bei einem solchen Gedanken erwischen, erkennen wir ihn einfach als solchen. Wir machen uns die Gefühle bewusst, die mit diesem Gedanken verbunden sind, wie Trauer, Neid, Bewunderung, Schwäche, Hilflosigkeit, Ohnmacht, vielleicht auch ein heimlicher Stolz, Verurteilung oder Verachtung. Das Gefühl kann aber auch »Erleichterung« heißen – heimlich sind wir froh, dass es nicht geht, weil wir vor etwas Angst haben.

Verfehltes Wünschen Teil 3: die Identifikation mit dem Mangel

Hauptsächlich vereiteln wir die Erfüllung unserer Wünsche jedoch dadurch, dass wir mit dem Gegenteil des Erwünschten identifiziert sind und es auch bleiben, da wir diese Identifikation nicht als solche bemerken.

Aline wünscht sich viel Geld. Sie möchte buchstäblich im Geld schwimmen. Sie hat jedoch wenig Geld, und zwar immer schon, und deshalb hält sie sich für arm. Unbewusst formuliert sie das nicht als einen vorübergehenden Lebensumstand, sondern als eine Eigenschaft ihrer Person: »Ich bin arm.« So betrachtet sie die Welt aus der Perspektive einer Armen. Sie sieht, was Andere alles besitzen, und ist neidisch, da sie das alles auch haben möchte. Da sie jedoch Armut unbewusst für eine Eigenschaft ihres Wesens hält, müsste sie erst einmal aus dieser Identifikation erwachen, damit Reichtum für sie überhaupt möglich wird. Solange Aline in dieser Perspektive gefangen ist, unternimmt sie alles, was sie tut, um an Geld zu kommen, als Aline-die-Arme-und-Bedürftige. Um schöpferisch zu sein, müsste sie sich selber erst einmal wiederentdecken – ihre eigene Realität, die nicht festgelegt ist durch »Armsein«, sondern in der sie in der Lage ist, Armut als eine Anordnung äußerer Umstände, als einen Gedanken und ein Gefühl zu erkennen, ohne sich selber damit zu verwechseln. Sie muss gewissermaßen eine höhere Perspektive einnehmen. Wie nimmt man jedoch eine höhere Perspektive ein?

Viele spirituelle Menschen erliegen bei dem Versuch, sich in eine höhere Perspektive zu begeben, einen Irrtum. Sie begeben sich nicht selber in eine höhere Perspektive, sondern sie übernehmen die Erkenntnisse, die andere (spirituelle Lehrer, Meister, Medien, Schriftsteller oder Gurus) in höheren Perspektiven gewonnen haben.

Solange wir nicht selber unsere Augen öffnen und unserer Wahrnehmung vertrauen, plappern wir gerne irgendwelche spirituellen Ideen nach und meinen, wir hätten eine höhere Perspektive inne.

Wirklich von einer höheren Perspektive aus zu handeln, bedeutet zunächst einmal nichts Anderes als ein wenig Abstand zu nehmen und eine bewusste und neutrale Wahrnehmung einzuschalten.

So könnte in unserem Fall Aline bewusst wahrnehmen, dass sie mit dem Gedanken, arm zu sein, identifiziert ist. Sie könnte die Gefühle, die aufgrund dieser Überzeugung bei ihr ausgelöst werden (arm, elend, benachteiligt, bedürftig), als solche erkennen und sie nicht länger mit Tatsachen verwechseln. Wenn sie diesen Emotionen ihr Herz öffnet, könnten auch andere Gefühle ins Blickfeld kommen: ihre Sehnsucht nach Reichtum und die Gefühle, die bei der Vorstellung, reich zu sein, in ihr geweckt werden.

Wenn wir, ohne den Abstand der höheren Perspektive zu nutzen, unsere Wünsche formulieren, laufen auch wir Gefahr, das Falsche zu wünschen. Anstatt zu erkennen, was uns wirklich dienen würde, bestellen wir etwas, das uns

Glück zu versprechen scheint, uns dann aber unglücklich macht.

Dies könnte bei Aline so aussehen:

Aline möchte gern ein paar Millionen im Lotto gewinnen. Sie träumt außerdem von einem Porsche, und davon, Manfred zu heiraten. Sie gewinnt die Millionen, kauft den Porsche, und weil die Kombination aus Geld und Sportwagen für ihn unwiderstehlich ist, heiratet Manfred sie endlich. Unschwer zu erraten, dass Aline nicht froh wird, obwohl sie alles hat, was sie sich gewünscht hat. Sie hat nur leider versäumt, genauer hinzuschauen und herauszufinden, was sie sich wirklich wünscht.

Schaltet sie ihre Bewusstheit ein und stellt sich vor, die Million, den Porsche und Manfred ihr Eigen zu nennen, kann sie das Gefühl entdecken, nach dem sie sich wirklich sehnt. Und wenn sie dieses Gefühl in sich gefunden hat, wird sie erkennen, dass die Million nicht mehr so wichtig, der Porsche nicht mehr notwendig und Manfred uninteressant ist. Da sie dieses Gefühl auch ausstrahlt, wird sie die ihm entsprechenden Umstände anziehen und auf diese Weise das erhalten, was sie sich wirklich wünscht.

Künstlich erzeugte Wünsche und ihre Konsequenzen

Die Industrie entwickelt ständig neue Produkte, und bemüht sich in der Werbung für diese Produkte den Eindruck zu erwecken, deren Erwerb sei notwendig, um dazuzugehören, um ein schöneres oder leichteres Leben zu führen, um jemand zu sein und so fort. So kann es geschehen, dass ein Mensch, dem eigentlich nichts gefehlt hat und der bislang ganz zufrieden mit seinem Leben war, sich plötzlich arm oder benachteiligt fühlt, weil er sich eben das neue Produkt nicht leisten kann.

In unserer Welt, in der Fernsehwerbung, in Schaufenstern, Prospekten, Zeitschriften, begegnet uns ständig etwas Neues, das uns gefällt, das wir haben möchten, ja, von dem wir uns sogar einreden oder einreden lassen, wir bräuchten es dringend. Im Extremfall werden wir sogar kaufsüchtig wie Becky Bloomwood in Sophie Kinsellas Romanen[7].

Wenn wir nur von der oberflächlichen Schicht unseres Wesens heraus handeln, sind wir leicht zu manipulieren. Man hält uns das verlockende Objekt vor die Nase, wir beißen an: Ein Lippenstift, der diese volle Oberlippe verspricht, nach der offenbar alle Männer jetzt verrückt sind. Ein Designer-Schuh, ein Mittel für bessere Verdauung, für glattere Beine, glänzenderes Haar, bis hin zu einem Handy, mit dem ich die Klospülung in Gang setzen kann (was gottlob noch nicht erfunden wurde). Unsere ganze Wirtschaft funktioniert auf diese Weise.

Agieren wir von der Oberfläche unseres Wesens statt aus unserer Mitte heraus, dann handeln nicht eigentlich wir, sondern »es«. Wir sagen Dinge, die wir gar nicht sagen wollten, wir tun Dinge, die wir gar nicht tun wollten, wir kaufen Dinge, die wir gar nicht kaufen wollten. Irgendetwas handelt durch uns, das offenbar schneller und mächtiger ist als unser bewusstes Selbst. Darüber schrieb schon Prentice Mulford vor mehr als 100 Jahren: »Es geht ein mysteriöser und gefährlicher Einfluss von Warenhäusern aus, unbrauchbare Dinge begehrenswert erscheinen zu lassen … Die ganze Atmosphäre ist förmlich überladen, gesättigt mit Kaufzwangideen, erstarkt an den Niederlagen aller früheren Opfer ... Man vermeint, und das ist das Teuflische daran, aus freier Willensbestimmung heraus zu handeln, und marschiert fremden Gedanken entlang.«[8]

Wir leben an unserem wahren Wesen vorbei, da wir fortwährend damit beschäftigt sind, von der Oberfläche unseres Wesens aus auf die Reize zu antworten, die diese treffen.

Wollen wir nicht das gleiche Schicksal erleiden, das schon allzu viele Menschen unserer Kultur am Ende ihres Lebens zu frustrierten, verbitterten, resignierten und ausgelaugten Jammergestalten werden ließ, so müssen wir innehalten und einen ganz großen Schritt zurücktreten. Fragen wir uns in einem solchen Moment einmal: Was wollte ich hier eigentlich? Hatte ich nicht ursprünglich mit meinem Leben etwas ganz Anderes vor? Wozu bin ich hier? Besteht der Zweck meines Lebens tatsächlich darin, die richtigen Schuhe zu besitzen und rundum versichert zu sein? Was wünsche ich mir wirklich? Wonach sehne ich mich eigentlich selber?

Ein wirklich befriedigendes Leben ist eines, das von unserem innersten Wesen beseelt ist – an dem die Seele teilhat. Dazu müssen wir aus der Hypnose erwachen, unsere Bewusstheit einschalten und unser Herz aufwecken, indem wir uns unsere wahre Sehnsucht in Erinnerung rufen.

Wenn ein neuer Wunsch in uns entsteht, sollten wir uns besser nicht einfach mit ihm identifizieren und mit gezücktem Geldbeutel reagieren oder mit Neid, Unzufriedenheit, Wut, vielleicht auch Frustration, weil wir uns ihn nicht erfüllen können. Wir können ihn statt dessen bewusst wahrnehmen und ihm auf den Grund schauen. Vielleicht hilft es uns, eine echte Sehnsucht zu entdecken.

EINE KLEINE ÜBUNG:

Ich sehe das neue Objekt in der Werbung. Irgendetwas an der Werbung spricht mich an. So wäre auch ich gern, in einer solchen Welt würde ich ebenfalls gern leben. Einige meiner Bekannten haben es übrigens schon gekauft. Ich will es auch haben. Stopp. Jetzt Hinschauen und fühlen, spüren, Herz aufmachen für:

Den Wunsch, das Objekt zu besitzen.

Die Sehnsucht, die in diesem Wunsch verborgen ist.

Das Gefühl, auf das die Sehnsucht sich bezieht.

In Wirklichkeit will ich nicht das Objekt, sondern dieses Gefühl, zum Beispiel Bewunderung. Wenn ich mir vorstelle, ich besäße das neue Objekt, bewundern mich alle in meiner Fantasie.

Ich sehne mich also nach Bewunderung. Wie fühle ich mich, wenn ich bewundert werde?

Vielleicht besonders. Wertvoll. Eben bewundert. Das ist ein Gefühl. Danach sehne ich mich wirklich und das Objekt ist nur das Mittel. (Ich kann auch eine Gegenprobe starten, um zu überprüfen, ob es mir wirklich um Bewunderung geht: Ich stelle mir dann vor, das Objekt zu besitzen, und von niemandem damit bemerkt zu werden.)

Ist tatsächlich Bewunderung das Gefühl, um das es geht, so kann ich dieses Gefühl jetzt in mir selber entdecken, ohne das fragliche Objekt zu besitzen. Ich kann ihm das geben, was es von meinem Herzen braucht – vielleicht bewusste Wahrnehmung oder Beachtung, Raum oder Pflege – und damit ist es schon Realität geworden.

Ich brauche nun das Objekt und die Bewunderung der Anderen nicht mehr, da ich mich jetzt schon so fühle.

Das Interessante ist, dass die Menschen jetzt aber genau mit der Bewunderung reagieren, die ich mir vorher vom

Besitz des Objekts versprochen hatte. Nur, dass ich jetzt nicht mehr in die Falle tappe, mich mit dem Gefühl, das diese Bewunderung in mir auslöst, zu identifizieren und davon abhängig zu werden, dass diese Leute mich immer weiter bewundern.

So können wir Wünsche, die durch Werbung oder äußere Reize in uns geweckt werden, nutzen, um Gefühle oder Qualitäten in uns zu entdecken, nach deren Verwirklichung wir uns sehnen.

Nicht dass ich persönlich etwas gegen Einkäufe hätte. Meine Seele freut sich auch an neuen und schönen Dingen. Werde ich jedoch abhängig von ihnen, so erstickt sie daran.

Krankheit
und körperliche Probleme

Bisher haben wir den Prozess bewusster Wahrnehmung bei einem Thema oder Problem, das unsere Gedanken beschäftigt, immer auf der Ebene der Gedanken begonnen. Mithilfe der Anleitungen in vorangegangenen Kapiteln, respektive der Übung der körperzentrierten Herzensarbeit, haben wir das schon mehrere Male praktiziert. Wir können aber diesen Prozess ebenso gut beim Körper beginnen lassen. Nämlich dann, wenn uns auf der körperlichen Ebene etwas quält – ein Schmerz, eine Krankheit, ein Symptom.

Ich bin schon vielen körperlichen Symptomen und Krankheiten auf den Grund gegangen und habe entdeckt, dass sie Gefühle verkörperten, die mir nicht bewusst waren, wie in der Geschichte vom Hexenschuss beschrieben. Was aber nicht immer der Fall sein muss. In den meisten Fällen bin ich dabei die Krankheit oder das Symptom losgeworden, und ebenso erging es vielen Menschen, die mit dieser Methode gearbeitet haben.

ÜBUNG

KÖRPERLICHEN SYMPTOMEN
AUF DEN GRUND GEHEN

- Schließe deine Augen.

- Spüre deinen Atem.

- Schalte deine neutrale Bewusstheit ein und begib dich auf den Platz des Zeugen.

- Vergegenwärtige dir dein körperliches Symptom.

- Begib dich mit deiner Aufmerksamkeit, deinem Atem, deiner Präsenz in den Teil oder die Teile des Körpers, in dem es sich abspielt.

- Lerne diesen Körperzustand kennen, indem du ihn bewusst, und deinen Atem spürend, erlebst.

- Entdecke das Gefühl, das sich darin ausdrückt.

- Falls dies schwer fällt, werde dir deiner Lebensumstände bewusst, während du weiterhin den betreffenden Körperzustand spürst. Manchmal fällt es leichter, das Gefühl zu erkennen, das in einem Körperzustand verborgen ist, wenn der Lebenszusammenhang im Blickfeld ist.

❧ Lerne dieses Gefühl kennen und öffne dein Herz dafür.

❧ Falls es dir nicht gelingen sollte, in dem betreffenden Körperzustand ein Gefühl zu erkennen, dann vergegenwärtige dir die Gefühle, die mit diesem Symptom oder dieser Erkrankung verbunden sind. Was macht es mit dir, dass dieses Symptom da ist? Stört es dich? Möchtest du es loswerden? Macht es dich verrückt? Quält es dich? Hindert es dich am Schlafen, am Gehen, am Sprechen, am Tanzen …? Werde dir aller Emotionen bewusst, die mit dem körperlichem Thema verbunden sind, und lerne sie kennen.

❧ Öffne ihnen dein Herz, bis du auf den Grund stößt, und den Schmerz und die damit verbundene Sehnsucht entdeckst. Und das schöne Gefühl, worauf sich deine Sehnsucht wiederum bezieht.

❧ Setze die Übung so lange fort, bis du alle Gefühle, die in diesem Zusammenhang auftauchen, ins Bewusstsein und ins Herz geholt hast.

❧ Vergiss dabei niemals die körperliche Ebene. Es reicht nicht, ein Gefühl kognitiv zu erkennen. Du musst es mit deinem Atem, deiner Aufmerksamkeit und deiner Präsenz berühren, also wirklich fühlen, damit es vollständig ans Licht kommt und dein Körper davon befreit wird.

Aufgrund der vielen Erfolge, die ich mit dieser Vorgehensweise erlebt und beobachtet habe, hatte ich begonnen zu glauben, jedes körperliche Symptom sei grundsätzlich der Ausdruck eines Gefühls, wobei das Gefühl die Ursache und das Symptom die Folge wäre. Erst vor einiger Zeit wurde mir bewusst, dass dies eine Interpretation ist und von der reinen Wahrnehmung abweicht. Es muss nicht immer so sein. Wenn ich nur die Erfahrung wiedergebe, die ich beobachtet oder gemacht habe, ohne sie zu interpretieren, dann kann ich allerdings dies sagen: Wenn man in ein körperliches Symptom hineinspürt, entdeckt man stets ein Gefühl darin. Nicht immer gelingt es allerdings, dieses Gefühl zu benennen. Wenn man sich dieses Gefühl ganz bewusst macht und sein Herz dafür öffnet, verschwindet oft das Symptom oder bessert sich. Das habe ich in schätzungsweise 70 bis 80 Prozent aller Fälle beobachtet oder erlebt. Was ist mit den restlichen?

Früher war ich überzeugt davon, es gäbe nur eine Erklärung dafür, dass jemand entweder kein Gefühl in seinem Symptom entdeckt oder zwar eines erkennt, dabei jedoch keine körperliche Besserung erfährt: Das richtige Gefühl ist einfach noch nicht gefunden worden.

Bis ich herausfand, dass die Reihenfolge »erst das Gefühl, dann das Symptom« auch nur auf einer Annahme basiert hatte. Heute lasse ich in meinem Denken viele Möglichkeiten zu, so zum Beispiel dass es auch umgekehrt sein kann. Oder dass es sogar denkbar ist, dass es Symptome gibt, die überhaupt keine Verkörperung eines Gefühls, sondern eine reine Folge äußerer Umstände oder Einwirkungen sind. Wenn ich die heiße Herdplatte anfasse, verbrenne ich mir die Hand.

Jedoch selbst wenn das Symptom reine Folge äußerer Umstände ist, so ist doch ein Gefühl mit dem Symptom verbunden. Es tut mir weh, ich will es loswerden, es stört mich, es ist mir peinlich usw. Lauter Gefühle, mit denen wir zunächst einmal automatisch identifiziert sind. Es lohnt sich, sich diese bewusst zu machen und sein Herz dafür zu öffnen. Schon weil diese Gefühle das brauchen, und weil es ein Akt von Selbstliebe ist. Aber auch, weil wir auf diese Weise das Thema entdecken, das durch dieses Symptom und seine Geschichte in unser Bewusstsein treten möchte.

Auf dem Grund dieser negativen Gefühle findet sich immer ein Schmerz, unter dem wir leiden, weil wir ihn mit einer Tatsache verwechseln. Dort entdecken wir auch eine Sehnsucht und ein schönes Gefühl, das gesehen werden möchte (daher »Sehnsucht«).

Schmerzhafte körperliche Zustände mit der gleichen Neutralität wahrzunehmen wie emotionale, fällt mir und sicherlich vielen Menschen ungleich schwerer. Aus der Identifikation mit einem Gefühl kann ich erwachen, indem ich mir sage: Es ist (nur) ein Gefühl. Es ist nicht etwas, das ich bin, es ist auch keine Tatsache, es ist ein Gefühl. Etwas, das ich bewusst fühlen kann.

Je bewusster und genauer ich es fühle, desto mehr erwache ich aus der Identifikation mit diesem Gefühl. In diesem Sinne ist es gleich, ob es ein positives oder ein negatives Gefühl ist. Leidet jedoch mein Körper, hat dieses Leiden den Charakter einer Tatsache. Wie kann ich daraus erwachen? Es ist doch Tatsache. Außerdem gibt es ein körperliches Normalgefühl, an dem wir messen, ob alles in Ordnung ist oder nicht. Die einen definieren dieses Normalgefühl einfach als die Abwesenheit von störenden Symptomen, die anderen, die die Latte etwas höher hängen, als Wohlgefühl.

Wenn dieses Wohlbefinden gestört ist, wissen wir, dass etwas mit unserem Körper nicht stimmt. Wir erkennen, dass wir etwas falsch machen oder ein schädlicher äußerer Reiz auf unseren Körper einwirkt.

Dennoch ist es möglich, auch körperliche Zustände, so unangenehm sie sein mögen, bewusst wahrzunehmen, ohne sich mit ihnen zu identifizieren. Sicherlich ist das nicht leicht, auch für mich nicht, aber es ist möglich. Immerhin gibt es Fakire, die ihren Körper mit Nadeln durchbohren, und es gab Buddha, der einst 40 Tage lang unter dem Bodhibaum gesessen und meditiert hat, unbeirrt von Ameisen, die ihm über die Lippen liefen, oder ungeachtet seiner sicherlich schmerzenden Knie. Ich selber bin sogar über glühende Kohlen gelaufen (lange her!), ohne mich zu verbrennen. Also muss es auch in Bezug auf körperliche Zustände möglich sein, sich nicht damit zu identifizieren, sondern sie bewusst und neutral wahrzunehmen. Mir gelingt das auch gelegentlich, und ich kann sagen: »Dies ist nicht etwas, das ich bin – dies ist etwas, das ich erlebe. Ich bin nicht (nur) mein Körper, sondern ich erlebe, wie es ist, sich als dieser Körper zu empfinden.« Klingt umständlich, aber es hilft. Es löst uns ein wenig aus der ausschließlichen Identifikation mit dem Körper, erinnert uns daran, dass es auch noch einen anderen Teil unseres Wesens gibt – unser Geist, unser Bewusstsein.

Kein körperliches Symptom existiert ohne ein Gefühl, denn wir sind ja mit dem Körper verwoben. Wir erleben seine Zustände als unsere, also fühlen wir sie und fühlen »uns« dabei entsprechend. Es gibt demnach auch umgekehrt kein Gefühl ohne körperlichen Ausdruck, denn unsere Empfindung findet im Körper statt, sonst wäre es kein Gefühl, sondern ein Gedanke. Beides hängt also immer zusammen. Lasst uns beides einfach wahrnehmen. Wenn wir anfangen zu überlegen, welches die Ursache und welches die Folge ist, treten wir aus der reinen Wahrnehmung heraus in die Sphäre der gedanklichen Interpretation und laufen Gefahr, uns mit einer Idee zu identifizieren und damit den Rest der Wahrheit aus unserer Wahrnehmung auszublenden.

Vielleicht ist nun der nächste Schritt auf dem Weg, aus der Identifikation mit dem Körper zu erwachen und unsere Körperempfindungen mit derselben nicht-identifizierten Bewusstheit wahrzunehmen, also beispielsweise statt »mir ist heiß«, Hitze wahrzunehmen, also: »So fühlt sich Hitze an«. Möglicherweise liegt genau hierin auch die Herausforderung unserer Zeit und zugleich eine neue Möglichkeit, die sich uns eröffnet.

AUSWEGE AUS DER
AUSSICHTSLOSIGKEIT

Eine Milliarde Menschen hungern, hauptsächlich in der »Dritten Welt«. Millionen von Elektrosensiblen befinden sich in der scheinbar aussichtslosen Lage, sich irgendwo noch ganz normal gesund und wohlzufühlen. Zahllose junge Menschen in Europa und USA starten ins Erwachsenenleben mit dem Gefühl der Aussichtslosigkeit. Obwohl sie in der privilegierten »ersten Welt« leben, scheint es ihnen nicht beschieden zu sein, in dieser Welt eine aktive, konstruktive, kreative und erfüllende Rolle spielen zu können. Kein Geld, keine Ausbildung, der verkehrte familiäre Hintergrund, die falsche Hautfarbe und keine Chance auf einen Job: Aussichtslosigkeit scheint einer Tatsache zu entsprechen.

Viele leiden heute unter der Frustration, über Fernsehen und andere Medien so viel von dem mitzubekommen, was es alles in der Welt zu erreichen und zu haben gibt, und keine Möglichkeit zu sehen, selber daranzukommen.

Aussichtslosigkeit, als Tatsache gesehen, wird zu einer Perspektive, in die man sich so sehr einsperren kann, dass nichts Anderes mehr gesehen wird.

Letztendlich wünscht man sich auch gar nichts Anderes mehr als diese Aussichtslosigkeit. Man hat es sich sozusagen »zu Hause« gemütlich eingerichtet, wobei Bitterkeit, Groll und Hass durchaus zu dieser »gemütlichen Einrichtung« gehören können. So verbündet man sich mit allen seinen Leidensgefährten gegen den Rest der Welt. Man sieht darin nichts Schlechtes, denn man zählt ja selber zu den Gerechten, und der Rest der Welt ist ungerecht.

Eine andere Möglichkeit besteht darin, aufzuwachen. All die Gefühle, unter denen wir leiden, bewusst wahrzunehmen und ihnen unser Herz zu öffnen – der Frustration, der Wut, der Ohnmacht, der Bitterkeit, dem Neid, dem Hass. Bis wir schließlich erkennen, dass Aussichtslosigkeit ein Gedanke und ein Gefühl ist, und wir auch für dieses Gefühl unser Herz öffnen. Dann können wir bemerken, dass unter dieser Aussichtslosigkeit eine große Sehnsucht begraben lag, die sich nun wieder hervorwagt. Auch dieser Sehnsucht können wir unser Herz öffnen. Dann werden wir merken, dass uns das als Brücke dient, um das, wonach wir uns sehnen, in uns zu entdecken – als Gefühl.

Zum Beispiel das Gefühl, gesehen, gehört, wahrgenommen zu werden, vielleicht auch das Gefühl von Aussicht, Mut, Zuversicht, Hoffnung oder das Gefühl, anerkannt und wertgeschätzt zu werden. Oder daseinsberechtigt zu sein – was zunächst einmal seltsam klingt, aber viele Menschen halten sich im Innersten für nicht berechtigt, überhaupt da zu sein, es sei denn, sie arbeiten oder erfüllen eine Funktion. Vielleicht ist es auch das Gefühl, versorgt zu sein, oder das von Zugehörigkeit, von Macht oder von Gerechtigkeit, das wir in unserer Sehnsucht entdecken.

Hast du dieses Gefühl in dir entdeckt und lässt es in dir leben, so wirst du zum Magneten, der das Gewünschte anzieht.

Ist dies jedoch für dich schwierig, so kannst du dir wenigstens deine Sehnsucht bewusst machen. So aussichtslos die Dinge auch aussehen mögen, es gibt in dir eine Menge von Sehnsüchten. Diese verschwinden nicht dadurch, dass du dir einredest, sie seien unerfüllbar. Sehnsucht ist dein echtestes Gefühl; und sie ist dein inneres Kapital. Wenn du nichts weiter tust als diese Sehnsucht in dir hochzuhalten, wenn du sie nicht vom Gedanken der Aussichtslosigkeit verdrängen, sondern neben ihm auch existieren lässt, werden sich dir bereits neue Perspektiven und Möglichkeiten eröffnen – Perspektiven und Möglichkeiten, die du nicht wahrnimmst, wenn du dich vom Gedanken der Aussichtslosigkeit und all den Gefühlen, die damit verbunden sind, weiter hypnotisieren lässt.

Wenn du dein Herz deiner Sehnsucht öffnest, erinnerst du dich vielleicht daran, dass du hergekommen bist, um dich selber zu verwirklichen. Und um das, was in dir an Fähigkeiten und Möglichkeiten angelegt ist, zu entfalten.

Unsere Lebensumstände dienen uns dazu, unsere Fähigkeiten, Möglichkeiten, Qualitäten zu entdecken und anzuwenden und auf diese Weise zu entfalten. Ebenso wie das Fußballfeld oder das Szenario im Videospiel dazu da ist, dir zu helfen, eine bestimmte Intelligenz, Reaktionsschnelligkeit oder andere Fähigkeiten zu entwickeln, so dienen die Umstände deines Lebens, wie auch immer sie auch sein mögen, deinem Wesen dazu, seine Möglichkeiten zu entdecken.[9]

BÖSE WÜNSCHE UND
VERWÜNSCHUNGEN

Böse Wünsche sind auch Wünsche. Auch in ihnen ist eine Sehnsucht enthalten, die wir entdecken können, wenn wir bewusst hinschauen. Wenn wir sehr wütend sind, weil wir uns verletzt fühlen, kann es geschehen, dass wir jemanden verwünschen oder ihm/ihr etwas Schlimmes an den Hals wünschen.

Selbst unsere Allerliebsten wünschen wir manchmal in die Hölle. Natürlich tut uns das dann leid, und wir meinen es nicht wirklich ernst, aber in manchen Momenten …

Wenn du dich bei »bösen Wünschen« erwischst, schalte deine neutrale Bewusstheit ein, anstatt deine »schlimmen« Wünsche zu verurteilen und zu versuchen, diese Gedanken zu ändern oder zu unterdrücken. Ändere deine Blickrichtung, richte deine Aufmerksamkeit und Energie nicht auf die andere Person, richte sie vielmehr auf dich selber und nimm bewusst deine inneren Vorgänge wahr, während du Verwünschungen denkst oder aussprichst.

Übung

Sein Herz öffnen für böse Wünsche

* Spüre deinen Atem, und nimm den Platz des Zeugen ein.

* Beobachte deine Gedanken und lasse ihnen freien Lauf, aber registriere sie bewusst.

* Von hier aus kannst du deine Wahrnehmung in zwei Richtungen lenken. Probiere aus, welche für dich die richtige ist.

a) Lenke deine Aufmerksamkeit nun auf deinen Körper.

* Wie fühlt es sich an, zu verwünschen?

* Versetze dich in diese Körperempfindung hinein, erlebe sie bewusst, während du deinen Atem spürst.

* Entdecke das Gefühl, das sich darin ausdrückt.

* Lerne es kennen, fühle es bewusst.

* Öffne dein Herz dafür.

* Spüre dann wieder in deinen Körper hinein und setze die Übung auf diese Weise – Körper, Emotion, Herz – so lange fort, bis du dem Thema auf den Grund gegangen bist. Bis du also den Schmerz, um den es geht, bewusst gefühlt und dein Herz für die Sehnsucht und das ersehnte Gefühl geöffnet hast. Danach solltest

du der »verwünschten« Person gegenüber ein neutrales oder offenes Gefühl entwickelt haben.

b) Beobachte deine Gedanken und die dabei entstehenden Bilder, wie beispielsweise der/die Betreffende in die Hölle fährt, vom Blitz getroffen wird usw.

❥ Nimm wahr, wie du dich dabei fühlst, wenn deine Verwünschungen wahr werden. Neben Ängsten, Schuldgefühlen gibt es auch ein gutes Gefühl. (Erinnerst du dich noch an die Doppelbedeutung: Gerächt – gerecht?) Genau um dieses geht es. Lerne es kennen und finde heraus, dass es ein Gefühl ist. Öffne dein Herz dafür.

Bleibt noch die Frage, was mit der destruktiven Energie geschieht, die wir auf die andere Person richten. Immerhin können Verwünschungen diese ja auf einer bestimmten Ebene treffen und möglicherweise schädigen.

Wenn wir mit dem negativen Wunsch, z. B. »du sollst zur Hölle fahren«, identifiziert sind, haben wir unsere Aufmerksamkeit und damit unsere Energie auf die andere Person gerichtet und dieser Energie eine zerstörerische Bedeutung verliehen. Abhängig von den inneren Themen unserer »Zielperson«, von ihrer vorhandenen oder fehlenden Körperpräsenz und abhängig davon, wo und wie sehr sie beeinflussbar oder verwundbar ist, kann diese Energie tatsächlich Schaden bei ihr anrichten. Jedenfalls habe ich das in etlichen Fällen und auch an mir selber beobachten können.

Wenn ich beispielsweise selber merke, dass eine solche negative Energie auf mich wirkt, mache ich mir meine eigenen Gefühle bewusst, die diese in mir auslöst, und erkenne die fremden negativen Gedanken als fremd an. Dadurch kann ich aufhören, mich mit ihnen zu identifizieren, und sie verlieren daher an Wirkung. Anders ausgedrückt, ich schicke sie zum Absender zurück.

Wenn wir uns als Verwünschende nicht mit unseren Hassgedanken identifizieren, sondern sie bewusst wahrnehmen, dann hat sich die Richtung unserer Aufmerksamkeit geändert. Unsere Energie und Aufmerksamkeit sind nun nicht mehr mit destruktiven Bildern aufgeladen und auch nicht mehr auf die andere Person gerichtet, sondern sie sind neutral und auf unsere eigenen Gedanken, Körperempfindungen und Gefühle umgeleitet. Daher kann kein Schaden entstehen, solange wir uns nicht mit den destruktiven Inhalten gleichsetzen, sondern sie wahrnehmen.

Ich muss allerdings gestehen, dass dies keine reine Beobachtung, sondern eine Schlussfolgerung aus Beobachtungen ist.

Zur Sicherheit kannst du, falls dir einmal eine solche Verwünschung unterlaufen ist und du Angst hast, jemanden geschädigt zu haben, diese auch noch ausdrücklich zurücknehmen. Willst du ganz sichergehen, kannst du auch noch einen Segen hinterherschicken. Du kannst auch dein Herz für deine eigenen Gefühle öffnen, denn danach ist es automatisch auch für die betreffende Person offen. Denkst du nun mit offenem Herzen an diese, kannst du erleben, wie etwas im Stillen zwischen euch geschieht, was einer Versöhnung und einem Segen gleichkommt.

Wenn nichts läuft wie geplant

Immer wieder erleben wir Probleme, die uns aus dem Takt bringen, Herausforderungen, vor denen wir am liebsten kapitulieren möchten. Manchmal wird die ganze Basis unseres Lebens, die uns selbstverständlich schien und auf die wir ein Anrecht zu haben meinten, zerstört. Auf einmal stecken wir in einer Situation, die wir eigentlich nicht akzeptieren wollen oder können: die Zerstörung unserer körperlichen Gesundheit. Hunger. Krieg. Der Tod eines Kindes. Der Verlust unserer Arbeit, unseres Geldes, unserer Wohnung. Es scheint manchmal so, als seien wir dem, was in der Welt und in unserem eigenen Leben geschieht, hilflos ausgeliefert.

Wie oft haben wir uns die Dinge anders gewünscht, als sie sind. Aber die meisten von uns machen die Erfahrung, dass ihre Wünsche in ihrem Schicksal offenbar keine große Rolle spielen. Denken wir nur an all die Menschen, die in Kriegsgebieten leben, die Hunger leiden, die an Seuchen erkranken, die obdachlos sind. Und an all die vielen Wünsche, die wir selber einmal gehabt haben oder immer noch haben und die nicht in Erfüllung gegangen sind. Wer auch immer da oben Regie führt, hat offenbar keine große Lust, unsere Wünsche zu berücksichtigen, oder hat andere Prioritäten.

In den letzten Jahren sind viele Bücher erschienen, die sich mit der Macht des Wünschens beschäftigen. Wir haben ein gewaltiges Bedürfnis danach, auf die Dinge einwirken zu können, unser Schicksal zum Guten zu wenden und allgemein die Macht zu haben, unsere Wünsche zu realisieren.

Viele dieser Bücher leisten einen wichtigen Beitrag, um zu verstehen, dass dem Wünschen eine Kraft innewohnt. Sie helfen uns, unsere Gedanken zu klären, sodass unsere Wünsche eindeutig werden und ihre Kraft entfalten können. Unzählige Menschen laufen jedoch Gefahr, sich mithilfe dieser Techniken auf Wünsche zu konzentrieren, deren Erfüllung ihnen nicht wirklich das erhoffte Glück beschert. Meistens entstehen sie aus einer eingeschränkten Perspektive heraus.

Ein kleines Beispiel dafür:

Ich bin eingesperrt in meine eigene enge Perspektive, blind für den Rest der Realität, und denke: Ich muss unbedingt einen Mann haben, eine bestimmte Arbeit, eine gewisse Anzahl an Quadratmetern in meiner Wohnung, eine bestimmte Lebens-situation. Sonst kann ich nicht existieren, nicht glücklich sein, bin ich nicht einverstanden usw. Daher wünsche ich mir das, und habe ich die Technik des richtigen Wünschens gelernt, lege ich noch genau fest, wie die Sache aussehen soll. Dann visualisiere ich das Ergebnis und affirmiere, dass es bereits eingetreten ist.

»Die Kraft der Gedanken auf diese Weise zu nutzen ... ist eine Art Vergewaltigung der Wirklichkeit«, schrieb Richard Moss[10].

Es ist sicherlich ein Erwachen, festzustellen, dass wir überhaupt die Macht in uns tragen, unser Schicksal in gewisser Weise zu beeinflussen. Die Entdeckung, dass Gedanken Kraft haben und Wünsche kreativ sind, macht ja auch Spaß. Jedoch verfolgt das Leben oftmals andere Absichten als wir, beziehungsweise hegen wir selber in der Tiefe unserer Seele vielleicht Absichten, von denen wir in der alltäglichen Perspektive keine Ahnung haben. Meditation kann uns übrigens diesen tiefen Schichten näher bringen.

Wenn wir das Leben machen lassen, statt zu versuchen, es durch unsere Wünsche und Vorstellungen zu formen, beschäftigt es sich ununterbrochen damit, uns zu erweitern, zu erwecken, und zu entfalten. Es geschehen dann Dinge, die uns im Traum nicht hätten einfallen können – angenehme wie unangenehme.

Hier stehen wir an einer wichtigen Schwelle des Verstehens und können uns fragen:

Bin ich hier, um meine Wünsche zu realisieren? Oder bin ich hier, damit das Leben durch mich seine Wünsche realisieren kann? Mein Wille geschehe – oder dein Wille geschehe? Und ist das überhaupt ein Gegensatz?

Bewusstes, neutrales, offenes Wahrnehmen bringt mich über diesen Gegensatz hinaus. Gehe ich meinen Nöten und Wünschen fühlend auf den Grund, so entdecke ich genau das Potenzial, das jetzt, in dieser Situation, wie sie auch sein mag, entdeckt, gefühlt, gelebt werden möchte.

Wenn nichts so geht, wie ich es mir wünsche, und alles falsch zu laufen scheint, dann setze ich mich hin, schließe die Augen und nehme wahr: die Wut. Die Ohnmacht. Die Resignation. Die Auflehnung. Das Unverständnis. Die Verwirrung. Die Aussichtslosigkeit. Bis ich auf das tiefste Gefühl stoße, das mir unerträglich schien, zum Beispiel das Gefühl des Ausgeliefertseins.

Dass das Gefühl des Ausgeliefertseins auch wertvoll sein kann, beschreibe ich euch nun anhand eines persönlichen Erlebnisses:

Urlaub im sonnigen Süden. Es ist ein Uhr nachts. Mein Mann und ich schlafen in unserem kleinen Campingbus. Weil wir spät angekommen sind und keinen offenen Campingplatz mehr gefunden haben, stehen wir auf einem öffentlichen Parkplatz. Ein ohrenbetäubender Krach reißt uns schockartig aus dem Schlaf, erst verstehe ich nicht, was um mich herum passiert, dann kracht es immer wieder, bis ich sehe, dass die Glasscheibe hinter unserem Kopf zersplittert ist. Jetzt dämmert mir, dass jemand Steine auf unser Auto wirft. Und dass es der Plastikfolie, die auf das Glas geklebt ist, zu verdanken ist, dass nicht unsere Schädel zertrümmert sind, sondern nur das Glas.

Fluchtartig verlassen wir den Platz und verbringen den Rest der Nacht am Rand eines Campingplatzes.

»Ja, das passiert«, sagt man uns später. »Sie müssen eben auf einem Campingplatz stehen, dann haben Sie keine Probleme.«

Einige Tage später merke ich, dass dieser Vorfall mir keine Ruhe lässt und dringend noch einmal angesehen werden möchte. Ich schließe die Augen und versetze mich noch einmal in die nächtliche Situation hinein.

Ich entdecke das Gefühl von Todesangst. Es ist nicht leicht, es als Gefühl zu betrachten, immerhin war die Situation ja real, sodass man schlecht sagen kann »ist nur ein Gefühl« … Ich bleibe eine ganze Weile damit identifiziert, bis ich anfange, zwischen der Situation als realer Tatsache und der Todesangst als Gefühl zu unterscheiden.

Jetzt gelingt es mir, die Todesangst bewusst zu fühlen, ohne mich mit ihr zu identifizieren. Ich merke, dass es ein Gefühl ist, das mich schon seit jeher beherrscht, fast überall, wo ich gehe und stehe, in jedem Fall aber im Flugzeug, auf Schiffen, Autos, Türmen, Balkons, in Bergen, in Tälern, ja, und wo eigentlich nicht …? Höchste Zeit also, es einmal bewusst wahrzunehmen.

Ich öffne mein Herz für diese Todesangst. Sie braucht: mich. Dass ich bei ihr bin und sie fühle, anstatt in ihr zu verschwinden. Danach denke ich erneut an die Situation und beobachte, was sich in mir verändert, wenn ich das

Gefühl von Todesangst bewusst in meinem Herzen wahrnehme. Es ist seltsam: Wenn ich mir nun vorstelle, dass eine solche reale Bedrohung wieder geschähe, fühle ich zwar nicht körperlich, aber auf einer inneren Ebene einen gewissen Schutz. Er entsteht dadurch, dass ich mit meinem Herzen bei meiner Angst bin und sie fühle.

Weiterhin entdecke ich noch ein Gefühl. Dieses scheint etwas sehr Schlimmes zu sein, möglicherweise der Grundschmerz unter dem Ganzen: Ausgeliefertsein.

Ich erkenne, dass es ein Gefühl ist. Ich kann es bewusst als solches wahrnehmen und mein Herz dafür öffnen. Und hier beende ich die Übung.

Am nächsten Morgen erwache ich mit einem neuen Gefühl und einer neuen Erkenntnis. Ich fühle mich auf eine gute Weise ausgeliefert. Ausgeliefert an die Realität, an das Leben und an Gott. Was kann es Besseres geben?, denke ich. Und auf einmal fühlt sich Ausgeliefertsein ganz wunderbar an. Und bekommt, von dieser Seite betrachtet, einen neuen Namen: Hingabe.

Wenn es um Hingabe geht, tappt man leicht in die Falle der Identifikation: Indem man meint, diese sei das einzig Wahre. Und dann identifizieren wir uns mit diesem Gefühl und dieser inneren Haltung, alle übrigen Gefühle schließen wir aus (und halten uns dabei wahrscheinlich für besonders spirituell). In diese Falle möchte ich nicht tappen: Ich schaue also weiter bewusst hin. Ich erforsche, wie das Gefühl von Hingabe sich anfühlt und was es von meinem Herzen braucht. Es will zugelassen und gefühlt werden. Es möchte da sein dürfen. So entdecke ich auf dem Grunde einer realen Schreckensgeschichte ein mir neues und sehr befreiendes Gefühl.

TEIL IV

ZUM AUSKLANG UND ANSTOSS:

EIN WENIG PHILOSOPHIE

Unsere Wünsche und Ziele

Unser Leben gleicht einer Entdeckungsreise. Indem wir leben, entdecken wir nicht nur die Welt, sondern auch uns selber. Die Welt, unser ständiger Partner, tritt uns gegenüber mit Verheißungen, Reizen, Enttäuschungen, Erfüllungen, unverhofften Geschenken wie auch unverhofften Schicksalsschlägen. Aber vor allem begegnet sie uns mit einer Unzahl von Herausforderungen, auf die wir reagieren. Manchmal wiederholt sich ein- und dieselbe Herausforderung viele Male, bis wir irgendwie herausgefunden haben, welchen Knopf wir drücken müssen, um sie zu bewältigen. Wenn wir meinen, es endlich geschafft zu haben, taucht oft ein Problem auf, das noch schwieriger erscheint als die vorangegangenen. Wir möchten dann am liebsten kapitulieren. Aber was heißt »kapitulieren«? Das Leben geht weiter, ob wir wollen oder nicht, bis es eben zu Ende ist, und normalerweise haben wir keine Ahnung davon, ob dieses Ende bald oder in weiter Ferne sein wird. Ich kann vor einer Herausforderung kapitulieren, aber das heißt nicht, dass sie mich in Ruhe lässt. Ich bleibe dann eben in einer für mich unerfreulichen Situation stecken und gebe auf, sie ändern zu wollen. Ich verliere meine Lebensfreude, meine Kraft, welke dahin oder akzeptiere sie in scheinbarer Weisheit nach dem Motto »so ist das Leben eben«, während ich im Stillen an Bitterkeit leide.

Die Welt, unser ständiger Partner, winkt mit immer neuen Verlockungen, wirbt um unser Herz mit immer neuen Zielen, die es zu erreichen gilt: mehr Geld, eine größere Wohnung, ein weiteres Kind, einen anderen Beruf, Karriere, mehr Macht, mehr Freiheit und mehr Möglichkeiten. Die Welt lockt uns auch, neue Länder zu entdecken, neue Beziehungen einzugehen, mehr Liebe zu erfahren, mehr Anerkennung zu finden, mehr Respekt zu genießen, ein besserer Mensch zu sein, insgesamt stärker, fitter, schöner, tapferer, weiser, edler oder schlanker zu werden. Sie fordert uns ebenso auf, ein großer Musiker zu sein, einen Meisterbrief zu machen, endlich Anerkennung für unsere eigene Leistung, unsere Intelligenz, unseren Wert oder unsere Krankheit zu bekommen. Die Anzahl der möglichen Ziele ist schier unendlich, abhängig von unseren individuellen Vorstellungen, Interessen und Wünschen.

Manche Wünsche entstehen als Reaktion auf etwas, das die Welt uns präsentiert. Ich rieche den Duft eines gebratenen Huhns, und in mir taucht der Wunsch auf, dieses Huhn zu verzehren. Andere Wünsche tauchen von innen auf, offenbar ohne durch äußere Eindrücke angeregt zu sein – aber wer kann das genau sagen? Vielleicht hat mich sehr wohl ein Eindruck auf diesen Wunsch gebracht, aber ich habe ihn nicht bewusst wahrgenommen. Ich möchte beispielsweise unbedingt tanzen. Die Sehnsucht danach

scheint aus tiefster Seele zu kommen. Aber hätte ich niemals eine Person gesehen, die tanzt, hätte ich niemals ein
Ballett gesehen, würde ich mich dann tatsächlich danach
sehnen? Vielleicht ja. Vielleicht hätte diese Sehnsucht sich
ihren Weg gebahnt, auch wenn das Wort »Tanzen« noch
nicht existiert hätte oder noch nicht in mein Bewusstsein
vorgedrungen wäre. Ich hätte daher meine Arme ausge-
streckt, mich gedreht, wäre gehüpft und gesprungen und
hätte die Ekstase des Tanzens verspürt, ohne zu wissen,
dass das »Tanz« genannt wird.

Die Welt – meine Umwelt oder Außenwelt – betrachte ich
als Nicht-Ich. Sie fängt dort an, wo mein Körper aufhört.
Mit jeder neuen Verheißung oder Verlockung, mit der sie
mir winkt, lädt sie mich ein, »mich« zu erweitern, in ihr
Territorium hineinzuwachsen, und mich damit zu erneuern, mich zu verändern. Ganz gleich, ob ich mich durch
das neue Putzmittel, das ich aufgrund der Werbung erwor-
ben habe, als effizientere Hausfrau erfahre; ob ich mich
durch das Fitnesstraining nun stark, vital und schön fühle;
ob ich durch den neuen Job gelernt habe, etwas Härte an
den Tag zu legen; ob ich durch die Afrikareise, zu der
mich ein Prospekt eingeladen hat, das Mitgefühl und die
Freude des Herzens entdecke – mit jedem neuen Ziel, das
sie mich einlädt, zu erreichen, entdecke ich neue Arten,
mich zu fühlen, mich zu erleben, neue Seiten meines
Selbst. Mit jeder Herausforderung, sprich mit jedem Problem lädt sie mich auf eine seelische Entdeckungstour ein.

Die Welt lockt, winkt, fordert heraus – ich antworte darauf. Und umgekehrt: Denn für alles, was »nicht ich« ist,
bin auch ich ein Teil der Außen- oder Umwelt. Auch ich
locke, winke, fordere heraus – und die Welt antwortet da-

rauf. Nicht nur die Welt wirkt auf mich – auch ich wirke auf die Welt. Durch mein Handeln, mein Sprechen, mein Fühlen, mein Denken, mein Sosein.

Die Welt fordert heraus, ich antworte.

Auf diese Herausforderung antworten zu müssen, fordert etwas von mir. Lockt etwas aus mir heraus, das vorher nicht vorhanden war. Es verändert mich.

Das Ich, das die Herausforderung annimmt und beantwortet, ist ein anderes als das vor der akzeptierten Herausforderung.

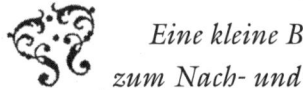 *Eine kleine Betrachtung* *zum Nach- und Weiterdenken*

Denke an deine Welt, an den Menschenkreis, in dem du dich privat und beruflich bewegst. Welche Herausforderungen stellt diese Welt zurzeit an dich?

Siehst du dich selbst mit den Augen deiner Mitmenschen, einer bestimmten Gruppe deines Umfelds oder eines bestimmten Menschen? Welche Herausforderung stellst du für diese Person/en dar?

• • •

Meine Antwort bewegt etwas in der Welt, verändert sie ein wenig. Die Welt, die meine Antwort erhalten und verarbeitet hat, ist eine andere als vorher.

So beeinflussen und verändern wir einander ununterbrochen gegenseitig: ich und die Welt, die Welt und ich.

Letztendlich sind wir nicht zwei – ich bin Teil der Welt, und die Welt ist Teil von mir. Irgendwie hängen wir alle zusammen.

• • •

Die Welt entdeckt sich durch mich, in mir, als ich, und ich entdecke mich durch die Welt, in der Welt, als die Welt, die sich als ich entdeckt. Deshalb ist es schwer zu beantworten, welche Sehnsucht »extern« angeregt wird und welche von innen auftaucht?

Was aber steht am Anfang? Ich, die ich etwas in der Welt sehe, das ich erreichen möchte, oder die Welt, die in mir die geeignete Person sieht, um das zu verwirklichen?

WÜNSCHEN IST MAGISCH –
ODER NICHT?

Was ist »wünschen«?

Es gibt eine passive, sozusagen schlappe Form des Wünschens und eine aktive, kraftvolle. »Ich wünschte, es wäre anders«, »Ich würde gerne tanzen«, oder: »Eigentlich möchte ich ja in Urlaub fahren«: das ist die impotente Art des Wünschens. Die potente lautet: »Ich möchte es anders haben, und zwar so: … (konkrete Beschreibung).« »Ich möchte tanzen«, oder: »Ich wünsche mir vier Wochen Urlaub im August.«

Kraftlos wird unser Wünschen immer dann, wenn wir nicht ganz dahinterstehen. Wenn wir nicht glauben, dass es uns zustünde, uns möglich sei. Wenn wir eine mögliche negative Antwort der Welt bereits selber vorwegnehmen.

Kraftvoll ist ein Wunsch, den wir ohne Zweifel und Einschränkung hegen und diesen treffend und auch präzise formulieren können.

Wünschen ist magisch. Ein Kind weiß das noch. Es glaubt an die Hexe, die Fee, den Weihnachtsmann, an die Kraft des Wünschens. Es kann nicht verstehen, dass Wünsche nicht erfüllt werden. In gewisser Weise ist es noch eins mit der Welt, und somit ist es ihm völlig natürlich, dass Wünsche gar nicht anders können als sich zu erfüllen.

Tief in unserem Herzen sind wir immer noch dieses Kind. Aber dann sind die Erfahrungen gekommen, die enttäuschenden, zunächst unverständlichen, später selbstverständlich hingenommenen, vielleicht schon erwarteten, die uns gelehrt haben, dass nicht alle Wünsche sich erfüllen. So haben wir die eine oder andere Sehnsucht begraben unter der Inschrift »unmöglich«, »zwecklos«, oder auch »verboten«.

ÜBUNG

ZURÜCKSCHAUEN AUF
FRÜHERE WÜNSCHE

❦ Sobald du dir einige Minuten Zeit nehmen kannst, schau auf dein bisheriges Leben zurück, und untersuche es mit folgenden Fragen:

❦ Welche meiner Wünsche haben sich erfüllt?

❦ Welche Wünsche haben sich (bisher) nicht erfüllt?

❦ Bei welchen dieser unerfüllten Wünsche bin ich froh, dass sie sich nicht erfüllt haben?

❦ Welche dieser unerfüllten Wünsche hege ich immer noch?

❦ Welche von ihnen gestatte ich mir nicht, weil ich sie beispielsweise für lächerlich, dumm, unwürdig, unmoralisch oder unerfüllbar halte?

❦ Welcher Aspekt meiner derzeitigen Lebenssituation könnte die Erfüllung eines Wunsches widerspiegeln, den ich früher einmal gehegt oder geäußert habe?

❦ Welches ist mein derzeit größter Wunsch?

Wir haben gelernt: Manche Wünsche erfüllen sich, manche nicht.

Aber: Wenn ich doch eins mit der Welt bin, wieso erfüllen sich dann nicht alle meine Wünsche? Wenn ich es bin, die wünscht, und ich es auch bin, die Wünsche erfüllt, wieso ... wieso??

Das liegt daran, dass die Welt ihre Gesetze und ihre Grenzen hat und ich meine Überzeugungen. Gesetze, Grenzen und Überzeugungen können verhindern, dass ein Wunsch sich erfüllt.

Wenn sich im Lottotopf sieben Millionen befinden, so kann ich mir wünschen, bei der betreffenden Ziehung acht zu gewinnen, aber es wird nicht funktionieren. Wenn sich im Lottotopf acht Millionen befinden, und ich wünsche mir acht Millionen, bin aber insgeheim davon überzeugt, dass andere Leute das Geld dringender brauchen als ich, und es daher ungerecht wäre, wenn ich es bekäme, dann untergrabe ich damit meinen Wunsch und raube ihm die Kraft. Wenn sich im Lottotopf acht Millionen befinden, und acht Millionen Menschen wünschen sich, diese zu gewinnen, können sich diese acht Millionen Wünsche nicht erfüllen.

Wenn ich dick bin und mir wünsche, dünn zu sein, besteht die Möglichkeit, es zu erreichen. Vorausgesetzt, es gibt in mir keine gegenteiligen Überzeugungen. (Wenn ich zum Beispiel denke »ich bin dick«, so bin ich mit »Dicksein« identifiziert. Diese Überzeugung bildet dann die Grundlage meiner Gedanken, Gefühle und Unternehmungen zu diesem Thema. Dann wird es möglicherweise schwierig mit dem Abnehmen. In diesem Fall schlage ich Folgendes vor: Wahrnehmen, dass »ich bin dick« ein Gedanke und keine Tatsache ist. Nicht ich bin dick, denn Dicksein ist keine Eigenschaft meines Wesens und auch keine feststehende Eigenschaft meines Körpers; sondern es ist ein Zustand meines Körpers. Wahrnehmen, wie ich mich fühle mit dem Gedanken, »ich bin dick«. Ebenso kann die unbewusste Annahme, überlastet zu sein und mich dadurch schwer zu fühlen, mich am Abnehmen hindern. Wenn ich diese Schwere nicht als Gefühl wahrnehme, sondern für eine Tatsache halte, ist es möglich, dass sie dann zur Tatsache wird und bleibt – die Waage zeigt ein Schwergewicht. Das sind nur Beispiele für eine mögliche Ursache bei Übergewicht. Gewichtsprobleme dieser Art können, müssen aber nicht ein Ausdruck von den oben aufgeführten Überzeugungen sein.)

Bin ich aber klein gewachsen und wünsche mir, groß zu sein – da setzt die Welt mir eine Grenze.

Wenn ich mir etwas wünsche, dem weder meine eigenen unterschwelligen Überzeugungen noch die Gesetze und Grenzen der Welt entgegenstehen, werde ich es erhalten. Warum auch nicht? Ich bin Teil der Welt, und die Welt ist Teil von mir. Das ist übrigens auch der Grund, warum Wünschen magisch ist.

Hinderliche Überzeugungen können wir überwinden. Dazu müssen wir sie natürlich erst einmal entdecken. Die meisten sind uns gar nicht bewusst. Auf dem Weg, den ich dich mit diesem Buch eingeladen habe zu gehen, sind

dir sicherlich schon einige deiner blockierenden Grundannahmen begegnet, und weitere werden dir auf diesem
Weg noch begegnen. Hast du sie erst entdeckt, musst du
eigentlich gar nichts weiter mit ihnen tun. Du musst sie
nicht durch »bessere« Überzeugungen ersetzen und eigentlich auch nicht überwinden oder für falsch erklären.
Du solltest sie nur als das erkennen, was sie sind: Gedanken, statt sie weiter für Tatsachen zu halten. Dadurch er-
wachst du aus ihnen. Allerdings ist es wichtig, dabei auch
den »Körper« dieser Gedanken bewusst wahrzunehmen,
sprich die dazugehörige Körperempfindung und dein Gefühl, sonst nützt dieses Erwachen dir wenig, weil du dich
immer noch genau so fühlst wie zuvor.

Wie können wir also vorgehen?

Wir haben einen Wunsch und hegen keine hinderlichen
Überzeugungen. Nun müssen wir nur noch darauf achten,
dass unser Wunsch auch realistisch ist – oder?

Können wir uns Unmögliches wünschen? Und wahr machen? Yes we can. Ja, wir können.

Ist nicht die ganze Welt etwas Unmögliches, das wahr
geworden ist? Ist nicht jedes Zebra ein Wunder? Und
jedes Kind? Jeder Pfau? Und jede Weltraumrakete?

Wir müssen nur ein wenig tiefer schöpfen. Nicht in der
Welt, sondern in dem, was Noch-nicht-Welt ist. Im Neuen,
im Unermesslichen, in dem, was noch »eingefaltet« ist.
Und wo finden wir das? Wir können es uns wahrscheinlich schon denken:

In uns selber.

In uns selber ist das, wonach wir uns sehnen, bereits
Wirklichkeit, und es sehnt sich danach, gesehen zu werden. Seine Erfüllung besteht daher darin, dass wir es entdecken.

DER VERBORGENE SCHATZ
IN UNSEREM INNERN

Der Same einer Lilie enthält das Potenzial einer Lilie. Er ist noch keine Lilie, aber die ganze Pflanze – Stängel, Blätter und Blüte, in all ihrer Schönheit und Pracht – ist latent in ihm vorhanden, schlummert sozusagen in ihm. Sonne, Wasser, Erde und bestimmte Umweltbedingungen regen Wachstum und Entfaltung der Lilie an. In dem Embryo, der einst unser Körper war, waren alle notwendigen Informationen enthalten, um dieser ausgewachsene männliche oder weibliche Körper zu werden, mit dem wir uns heute identifizieren.

Ähnlich verläuft auch unser Wachstum auf der geistig-seelischen Ebene. Es gibt einen Keim, der unser gesamtes Potenzial enthält: alles, was wir sein könnten. Daneben gibt es unser aktuelles Ich, das einer Wachstumsphase unseres Selbst entspricht. Wir wachsen sozusagen von innen nach außen, wobei »innen« der Teil unseres Wesens ist, der im Keim zwar vorhanden, aber noch nicht ausgedrückt ist. »Außen« entspricht demjenigen Wesensbestandteil, der bereits als Eigenschaft, Fähigkeit, oder Qualität zum Vorschein gekommen ist.

Ebenso wie im Keim der Pflanze ihr gesamter Bauplan enthalten ist, ist auch im Keim unseres Wesens der vollständige Ausdruck unseres Wesens enthalten, das, was wir sein können oder vielleicht einmal werden sollen: die ideale, die vollendete, die ausgereifte Version unserer selbst.

Die Pflanze braucht Sonne, Wasser und gute Erde, um zu wachsen und sich zu entfalten – was brauchen wir? Mütterliche Fürsorge, väterliche Unterstützung, eine Umgebung, die uns annimmt, wie wir sind, uns ermutigt, zu wachsen, uns auszudrücken, unsere Erfahrungen zu machen und Herausforderungen, an denen wir unsere Fähigkeiten ausprobieren können. Sind wir nicht in einer solch idealen Umgebung aufgewachsen, so wird der Verlauf unseres Wachstums vielleicht verbogen, ähnlich wie bei einem Baum, der sich auf einem felsigen Abhang angesiedelt hat. Dennoch wird aus dem Keim unweigerlich ein Baum, und ebenso sind wir unweigerlich auf dem Weg, wir selber zu werden und das in uns schlummernde Potenzial zu entfalten. Wer weiß, ob nicht gerade der Mangel an mütterlicher Fürsorge, väterlicher Unterstützung oder sonstigen nährenden Bedingungen dasjenige Element ist, welches das Wachstum einer bestimmten Fähigkeit, einer bestimmten Qualität in uns anregt?

In einer Schicht unseres Unterbewusstseins wissen wir, was wir brauchen, um das zu werden, was wir im Innersten bereits sind: unser vollendetes Selbst.

Die Pflanze sucht sich, was sie braucht, sie streckt ihre Wurzeln in die Tiefe, dem Wasser entgegen, und sie strebt nach dem Licht. Irgendwie ist dieses Suchen und Streben in ihr angelegt. Auch in unserem Innern ist diese Kraft vorhanden, die immer das sucht, was wir brauchen, um zu wachsen und uns zu entfalten. Diese Kraft nennen wir Sehnsucht. Sehnsucht ist nicht einfach ein blindes, dummes Gefühl, Sehnsucht ist intelligent, denn sie treibt uns immer dorthin, wo unser nächster Entwicklungsschritt am besten möglich ist. Dorthin, wo das Blütenblatt unseres Wesens, das als Nächstes an der Reihe ist, sich zu entfalten, sich am besten entfalten kann.

Der verborgene Schatz im Innersten unseres Wesens ist unser Potenzial, das in uns angelegt ist und das alles enthält, was wir sein könnten.

Wir kennen dieses Potenzial nicht, wir können es nur erahnen. Es gibt jedoch Hinweise. Jedes Mal, wenn wir jemanden oder etwas bewundern, klopft eine dieser Möglichkeiten an unser Bewusstsein und möchte wahrgenommen werden. Wir bewundern das, was in uns selber angelegt ist, aber (noch) nicht wahrgenommen und ausgedrückt wird. Wäre es nicht in uns selber vorhanden, spräche es uns auch nicht an, es löste kein besonderes Gefühl in uns aus.

 Es lohnt sich,
dich selber einmal zu fragen:

– Wen bewunderst du?
– Welche Eigenschaft beeindruckt dich besonders an diesem Menschen?
– Hättest du diese Eigenschaft selber auch gern?
– Wie bewertest du deine Chance, diese Qualität jemals zu erlangen?

Ein Hinweis also auf das, was in deinem Innern schlummert, ist das, was du im Außen bewunderst.

Weitere Teile deines Potenzials findest du, indem du die Begrenzungen betrachtest, unter denen du leidest, oder in denen du dich gemütlich eingerichtet hast.

Stelle dir dann vor, dass diese Begrenzungen nicht existierten.

Kontempliere
folgende Vorstellung:

Male dir aus, du lebtest in einer dir ganz und gar freund-lich gesinnten Welt, die dir keine Grenzen setzt. In dieser Welt käme man dir mit vollkommener Akzeptanz entge-gen. Die Welt wäre allein dazu da, den vollständigen und echten Ausdruck deines Wesens zu fördern und zu feiern.

Nimm dir Zeit und versetze dich vollständig in diese Welt hinein.

Nun kannst du beobachten, welche Seiten deines We-sens zum Vorschein kommen, die sich normalerweise nicht hervortrauen würden.

Wie wärst du? Wie würdest du dich nun verhalten? Aus-drücken? Fühlen?

Ein Teil unseres Wesens drückt sich in unserer Persönlich-keit aus, ein weiterer Teil kommt bereits ans Licht, wird je-doch zurückgehalten oder ist noch nicht bemerkt worden – diesen Teil entdecken wir durch die oben beschriebenen Hinweise. Wir können aber mit Sicherheit davon ausge-hen, dass weitere Wesenskomponenten noch im Dunkeln schlummern.

Den neuen Aspekt unseres Wesens, der jetzt gerade ans Licht kommen und entdeckt werden möchte, finden wir, wie in Teil II ausführlich beschrieben, auf dem Grunde unseres aktuellen Problems oder unseres derzeit größten Wunsches.

UNSERE SEHNSUCHT

Wenn wir tief in uns hineinhorchen, hineinspüren, hineinschauen, ganz tief in unser Herz, in den Teil unseres Selbst, wo wir ganz allein, unbelauscht, und ganz echt sind, stoßen wir auf unsere Sehnsucht. Unsere Herzen sind voller Sehnsucht. Denken wir an all die Sehnsucht, die uns in dieses Leben hineingetrieben hat. Es gibt so viele Arten von Sehnsucht: die Sehnsucht des Lebens, die Sehnsucht unserer Eltern nach uns und nach dem, was sie durch uns verwirklicht sehen wollten, die Sehnsucht unserer eigenen Seele, die Sehnsucht, die aus unerfüllten Kindheitsbedürfnissen zurückgeblieben ist – nach Liebe, nach Antwort, nach Anerkennung, Wertschätzung, Vertrauen, Erlaubnis, Raum –, die Sehnsucht nach all dem, was wir als junge Menschen einmal werden wollten, was wir in unseren Idolen gesehen haben, die Sehnsucht nach all dem, was wir in der Welt an Reizvollem und Interessantem entdeckt haben, die Sehnsucht nach Vollendung, Erfüllung, Frieden, nach Leben oder die Sehnsucht nach Tod. All diese Arten von Sehnsucht leben in unserem Herzen und halten uns lebendig, treiben uns voran, erzeugen ständig neue Energie, die es uns ermöglicht, weiterzuleben, weiterzuarbeiten und weiterzugehen.

 Was ist Sehnsucht?

Sehnsucht ist unser innerster Antrieb. Wenn wir eine Sehnsucht entdecken und ihr unser Herz öffnen, ist es, als kehrten wir zu uns selber heim. Der Weg ist wieder frei –

unser Weg. In gewisser Weise kann man sagen, wir sind unser Weg. Denn wir sind in Wirklichkeit nicht das statische Gebilde, das wir »ich« nennen und als das wir unseren Körper wahrnehmen. Die Zellen unseres Körpers erneuern sich ständig. Dieser Körper ist nicht mehr derselbe wie vor sieben Jahren. Er hat sich nicht nur verändert, sondern er ist ein anderer.

Das Gleiche gilt für unsere Persönlichkeit. Ständig verdauen wir Eindrücke, nehmen Neues in uns auf, scheiden Altes aus, indem wir uns von alten Gedanken, Gefühlen und Vorstellungen lösen. Wer bin dann »ich«? Vielleicht mehr der Entwicklungsprozess als das Abfallprodukt, das meine momentane Persönlichkeit darstellt?

Sagte nicht Jesus statt »Ich bin Jesus«, »Ich bin der Weg, die Wahrheit und das Leben«. Bin »ich« nicht vielmehr das, was den Entwicklungsprozess vorantreibt und ihm zu Grunde liegt? Bin ich dann nicht auch die Sehnsucht, die Gestalt annimmt in mir, als ich und durch mich – durch meine Wünsche und meine Sehnsüchte?

Jedes Mal, wenn ich mein Herz öffne und einer einst »unmöglichen« oder »verbotenen« Sehnsucht erlaube hervorzukommen, mache ich den Weg frei für: mich selber. So fühlt es sich an. Auf einmal atme ich wieder tiefer, nehme wieder am Leben teil, voller Freude, Hoffnung, Zuversicht und Kraft.

Was ist Sehnsucht? Sehnsucht ist etwas, das mit einem Gedanken anfängt und mit einer Realität aufhört. In unserer Zeitauffassung ist erst das gedankliche Bild da, und am Ende steht das Ziel, die Verwirklichung im Außen.

Das, was wir Sehnsucht nennen, ist das Gefühl, das zwischen dem Gedanken und der Verwirklichung steht.

DIE ERFÜLLUNG

Solange wir mit unserer Sehnsucht identifiziert sind, leiden wir mehr oder weniger: je nachdem, ob wir ihre Erfüllung für möglich oder unmöglich, für nah oder fern halten. Es tut uns weh, das Ersehnte nicht zu haben oder zu sein.

Wenn wir unsere Sehnsucht unterdrücken, um nicht zu leiden, oder wenn wir an ihre Erfüllung nicht glauben, erhöht sich unser Leidensdruck noch mehr. Wir verlieren unseren Schwung, unsere Lebensfreude, unsere Kraft.

Wenn wir jedoch unser Herz für eine bestimmte Sehnsucht öffnen und sie bewusst fühlen, geschieht etwas Seltsames. Paradoxerweise erleben wir nämlich dann bereits ihre Erfüllung.

Mehr noch: Irgendwie merken wir, dass die Erfüllung der Sehnsucht selber innewohnt. Gerade in dem Moment, wo wir unser Herz für diese Sehnsucht öffnen, setzen wir die Realisierung in Gang. Auf einmal ahnen oder erkennen wir ganz deutlich, dass diese Sehnsucht sich erfüllen wird. Auch wenn wir keine Ahnung haben, wie das geschehen kann, oder es uns bei logischer Betrachtung sogar unmöglich erscheint. Die Gewissheit stellt sich in dem Augenblick ein, wo wir das richtige Schlüsselwort entdeckt haben und unser Herz sich öffnet.

Unsere Sehnsucht zu fühlen und dieses Gefühl in unserem Herzen hochzuhalten, ist die Fahrkarte zu unserem Ziel.

Wenn wir unser Ziel erreicht haben, stellen wir uns vor, erleben wir die ersehnte Erfüllung. Aber wer von uns hat nicht schon erlebt, dass ein Wunsch in Erfüllung gegangen ist, von dem wir uns im nächsten Moment wünschten, ihn nie gehabt zu haben?

Erfüllung entsteht nicht dadurch, dass ich das erlange, was ich erlangen wollte. Sondern dadurch, dass ich mich von dem schönen Gefühl, das dieses Erreichen in mir auslöst, erfüllen lasse, wenn es denn ein schönes Gefühl ist.

Beschränke ich jedoch meine Aufmerksamkeit auf die Ebene der äußeren Tatsachen, anstatt auch meine Gefühle wahrzunehmen, so ist das Glück, das eventuell durch die Erfüllung eines Wunsches entsteht, eine zerbrechliche und vergängliche Angelegenheit. Es ist dann abhängig von Tatsachen und nimmt selbst den Charakter einer Tatsache ein. Und Tatsachen verändern sich, das ist nun mal der Lauf der Dinge. Aussagen wie: »Er liebt mich,« oder: »Das macht mich glücklich«, werden als Tatsachen wahrgenommen, mit denen ich mich identifiziere. Ich setze mich also mit etwas gleich, das ich bin wie: »glücklich« und meine, dass diese Tatsache abhängig von einer anderen Tatsache ist wie: »dass er mich liebt«.

Liebt er mich nicht mehr, so ist das Glück auch dahin.

In Wirklichkeit ist diese Liebe ein Gefühl. Im Fall von »er liebt mich« erst einmal das Gefühl des anderen Menschen und nicht meines. Wenn ich offen bin, kann ich von dieser Liebe etwas spüren. Dann bin ich entweder vom Liebesgefühl des Anderen erfüllt oder von dem Gefühl, geliebt zu sein, das in mir durch dieses fremde Gefühl ausgelöst wird. Ich fühle mich geliebt. Seine Liebe hilft mir, dieses Gefühl in mir zu entdecken. Habe ich es entdeckt, so kann ich es bewusst fühlen, mein Herz füllt sich damit, und das ist die Erfüllung. Wenn ich nun weiß, dass dies ein Gefühl ist, so kann ich dieses Gefühl jederzeit wieder in mir finden. Ich muss mich einfach daran erinnern und es fühlen. Selbst wenn der Betreffende mich eines Tages nicht mehr lieben sollte.

Das Gleiche gilt für Glück: Glücklich ist nicht etwas, das ich bin, sondern Glück ist ein Gefühl, es ist also etwas, das ich fühle. Wenn ich es als Gefühl wahrnehme, kann ich ihm einen Platz in meinem Herzen geben, und es gehört dann zum Repertoire meines inneren Erlebens, meiner Gefühle, und kann jederzeit hervorgeholt werden. Ich muss mich nur daran erinnern und es fühlen. Halte ich es jedoch für eine Tatsache, so bleibe ich abhängig von äußeren Umständen, und es wird niemals Teil von mir.

Eine Tatsache kann mich nicht erfüllen, ebenso wenig ein Objekt, es sei denn, ich hätte es aufgegessen. Was erfüllt, ist ein Gefühl, das von der Tatsache ausgelöst wird oder dadurch, dass ich das Ziel meiner Sehnsucht erreiche. Dazu müssen jedoch zwei Voraussetzungen erfüllt sein: Erstens muss bei der Realisierung meines Wunsches überhaupt ein schönes Gefühl ausgelöst werden, was keineswegs immer der Fall ist. Zweitens muss ich es bewusst als Gefühl wahrnehmen und fühlen. Dann erlebe ich Erfüllung. Dort, wo vorher ein Vakuum war, ein Mangel, ist jetzt Fülle. Somit ist ein Thema erledigt, das mich ständig beschäftigte, als ich mit dem Mangel identifiziert war und mich sehnte. Der entsprechende Problemkreis verschwindet aus meinem Leben, weil er keine Grundlage mehr hat.

Das ist Erfüllung. Vom Standpunkt meines Ichs aus existiert ein Mangel, damit verbunden gibt es eine Sehnsucht, und dann folgt eine Erfüllung, die den Mangel aufhebt. Es beginnt also mit etwas Negativem, dem Mangel, dem Leid, und endet mit etwas Positivem.

Von einem anderen Standpunkt aus gibt es keinen Mangel. Etwas ist in unserem Innern angelegt, als Potenzial, als Möglichkeit, und es möchte sich verwirklichen. Die Kraft, die zur Verwirklichung drängt, nennen wir Sehnsucht. Wir erleben sie als Leid, als Unruhe, Unzufriedenheit, bis sie sich verwirklicht und wir zufrieden sind.

Dann gönnen wir uns vielleicht eine kleine Pause, verweilen auf diesem Plateau der Zufriedenheit, bis ein anderer schlummernder Teil unseres Wesens danach drängt, an die Oberfläche zu kommen und an unserem Herzen zu ziehen und rütteln beginnt. Wenn wir dann so wach sind, dass wir dies bewusst erkennen, stehen wir auf und packen die neue Herausforderung an. Erkennen wir den Drang nach Wachstum nicht, ärgern wir uns über die Störung unseres Wohlbefindens und wehren den Störenfried ab. »Lass mich in Ruhe«, sagen wir. »Mir geht es gut. Ich will keine Veränderung«, vielleicht auch: »Ich bin zu alt dafür«, oder: »Ist mir zu anstrengend.«

Aber es ist nicht einfach irgendeine Sehnsucht, die da an die Tür unseres Herzens klopft, irgendein dummes Gefühl, das wir problemlos zurückweisen können: was sich da meldet, ist ein Teil von uns, der aufwacht und wahrgenommen werden und Gestalt annehmen möchte. Diesem Teil unseres Selbst wohnt eine Kraft inne, eine Energie, die aus der Tiefe kommt, aus der (noch unverwirklichten) Mitte unseres Wesens. Dieser neue Teil bringt neue Energie mit. Die Energie der Erneuerung. Sagen wir nein zu diesem Teil, so beginnen wir zu sterben.

Betrachte dein Leben mithilfe
folgender Fragen:

– Zu welchem Lebensumstand sagst du derzeit nein?
– Stell dir vor, du würdest ihn akzeptieren. Nur vorstellen! Nachher darfst du ihn wieder ablehnen.
– Wie würde dich das verändern?
– Welche neue Eigenschaft würde in dir gefordert und gefördert?
– Male dir aus, dass du diese bereits besäßest.
– Wie fühlt sich das an? Wie fühlst du dich?
– Wie heißt dieses Gefühl?
– Was braucht es von deinem Herzen?

Unsere Wünsche sind wichtiger, als wir denken

Immer wieder erleben wir Probleme, die uns aus dem Takt bringen, Herausforderungen, vor denen wir am liebsten kapitulieren möchten. Manchmal wird die ganze Basis unseres Lebens, die uns selbstverständlich schien, und auf die wir ein Anrecht zu haben meinten, zerstört.

Ich bin unter Anderem im Kapitel »Wenn nichts wie geplant läuft« eingehender auf unser subjektives wie auch universelles Gefühl von Misserfolg eingegangen.

Wenn wir mit unseren Wünschen jedoch wirklich Erfolg haben möchten, müssen wir die Perspektive wechseln.

Wir müssen aufwachen aus der Sichtweise, die uns in der Problematik festhält. Wir müssen entdecken, dass es eine andere gibt. Im Allgemeinen wünschen wir aus einer Perspektive heraus, die uns blockiert, zu erkennen, was wir uns wirklich wünschen, und die obendrein die Erfüllung unserer Sehnsucht unmöglich macht. Ich sehe mir dann die Menschen an, die sich große Autos leisten können und Häuser besitzen, und bin ein wenig traurig darüber, weil das alles für mich unerreichbar ist. Ich bin davon überzeugt, arm zu sein. »Ich bin arm« bildet die Grundlage meines Denkens, Fühlens und Wünschens. Diese Betrachtungsweise (»ich bin ...«) nennt man eine Identifikation mit einem Gedanken. Und solange ich mit Armut identifiziert bin, bleibe ich voraussichtlich auch arm. Selbst wenn mir Geld zugespielt wird, werde ich dafür sorgen, es wieder zu verlieren. Um etwas ändern zu können, muss ich erst aus dieser Identifikation erwachen.

Wollen wir an unserem individuellen und kollektiven Schicksal etwas umgestalten, müssen wir aus der Perspektive erwachen, in der wir gefangen sind, und eine höhere entdecken. Erst dann können wir erkennen, was hinter unseren Problemen, hinter unseren Wünschen und hinter der ganzen Situation steckt, und worum es eigentlich geht.

Dann können wir wahrnehmen, dass unsere Wünsche wichtig sind. Sie spielen eine wesentliche Rolle in dem Ganzen. Die Sehnsucht, aus der heraus wir etwas wünschen, ist nicht nur unsere Privatangelegenheit. Denn wir sind Teil des Ganzen, so wie das Ganze Teil von uns ist, und Sehnsucht ist die Art, wie das Ganze sich in uns, durch uns und als wir weiterentwickeln und ausdrücken möchte. Die Stimme unserer Sehnsucht auszudrücken und ihr zu folgen, ist genau der Beitrag, den wir zur Verbesserung, Verschönerung, Weiterentwicklung der Welt leisten können. Wir können ihr auf die althergebrachte Weise folgen, indem wir das tun, was wir tun möchten, und nach dem streben, wonach wir uns sehnen.

Oder in der neu entdeckten Weise, die ich in diesem Buch empfehle: indem wir unserer Sehnsucht innerlich folgen und in den Bildern, in denen sie uns ihre Erfüllung ausmalt, das Gefühl entdecken, das der eigentliche Gegenstand unserer Sehnsucht ist. Dieses lassen wir in uns heranwachsen, erst zu einer inneren, dann zu einer äußeren Realität.

Wir sind nicht nur gekommen, um an der Welt zu trinken wie kleine Kinder an der Mutterbrust. Wir sind nicht auf der Welt, um unsere Kämpfe mit ihr auszufechten wie Jugendliche mit ihren Eltern. Wir sind gekommen, um etwas in die Welt zu bringen, das vorher noch nicht da war und das genau uns braucht – uns selber, wie wir sind – um geboren werden zu können. Wir sind nicht nur Kinder der Welt, wir sind auch ihre Eltern, weil wir etwas in die Welt setzen. Dies geschieht, indem wir unser Potenzial, also das, was in uns als Möglichkeit angelegt ist, entwickeln.

Hinter jedem unserer Wünsche steckt eine Sehnsucht.

Hinter jeder Sehnsucht steckt eine neue Fähigkeit, Qualität, Möglichkeit, die Wirklichkeit werden möchte.

Hinter jedem Problem steckt ein neuer Teil unseres Potenzials, der in uns Gestalt annehmen möchte.

Wenn wir unsere eigenen Geburtshelfer werden möchten, wenn wir dem Neuen, das in uns steckt und geboren werden möchte, ins Leben verhelfen möchten, wenn wir damit unseren Beitrag zur Welt leisten möchten, so müssen wir:

1. die Sehnsucht hinter all unseren Wünschen und die Sehnsucht hinter all unseren Problemen entdecken.

2. hinter dieser Sehnsucht den Teil unseres Wesens, der sich jetzt entfalten möchte, ans Licht bringen.

Wir sollten die Wichtigkeit unserer Wünsche erkennen. Wir haben die Möglichkeit, über die passive Rolle hinauszuwachsen, in der wir als Kinder unsere Ansprüche an die Welt stellen und schmollen, wenn sie nicht erfüllt werden. Wir können begreifen, dass unsere Sehnsucht nicht nur ein Schrei ist, der die Not eines Mangels ausdrückt. Sondern sie ist auch das Drängen unserer Seele, eine neue Möglichkeit, eine neue Eigenschaft, eine neue Fähigkeit ins Dasein zu bringen, und damit unseren Teil zur Neugestaltung dieser Welt beizutragen.

 ANHANG

VERZEICHNIS DER ENTHALTENEN ÜBUNGEN
CHRONOLOGISCH GEGLIEDERT

Quellen- und Literaturverzeichnis

Sophie Kinsella: *Die Schnäppchenjägerin*. Goldmann Verlag, München 2002.

Sophie Kinsella: *Hochzeit zu verschenken*. Goldmann Verlag, München 2003.

Richard Moss: *Krankheit – Tor zur Wandlung*. Ansata Verlag, Schweiz 1988, S. 79 und S. 92.

Prentice Mulford: *Unfug des Lebens und des Sterbens*. Fischer Taschenbuch Verlag, Frankfurt a. M. 1955, 26. Auflage, S. 110.

Safi Nidiaye: *Herz öffnen statt Kopf zerbrechen*. Ullstein Tb, Berlin 2005.

Safi Nidiaye: *Aufwachen und lachen*. Ullstein Tb, Berlin 2007.

Safi Nidiaye: *Befreie deine Sehnsucht*. Integral, München 2005.

Safi Nidiaye: *Wieder fühlen lernen*. Ansata, München 2006.

Safi Nidiaye: *Intimität. Das Geheimnis des Glücks*. Integral, München 2007.

Safi Nidiaye: *Das Tao des Herzens*. Ullstein Tb, Berlin 2004.

Safi Nidiaye: *Die Stimme des Herzens*. Bastei Lübbe, Köln 2000.

Barack Obama: *Ein amerikanischer Traum*. Hanser, München 2008.

FUSSNOTEN

[1] Vorübergehend war es aufgelegt unter dem Titel *Das Bewusstseins-Orakel*

[2] Man kann den Beobachter und das Beobachtete nicht voneinander trennen; der Beobachter spielt eine Rolle beim Ablauf des Experiments.

[3] Vor allem in meinen Bücher *Die Stimme des Herzens* und *Das Tao des Herzens*

[4] Barack Obama liefert uns in seinem Buch *Ein amerikanischer Traum* ein wunderbares Beispiel dafür. Ich lege es euch sehr ans Herz.

[5] Falls nicht, kannst du die Elemente der Übung in meinen anderen Büchern genauer nachlesen wie in *Herz öffnen statt Kopf zerbrechen* und *Aufwachen und lachen*, oder natürlich auch gern meine Seminare besuchen.

[6] Näheres darüber kannst du auch in meinen Büchern *Herz öffnen statt Kopf zerbrechen*, *Das Tao des Herzens* oder *Aufwachen und lachen* erfahren.

[7] z. B. *Die Schnäppchenjägerin*

[8] in: *Unfug des Lebens und des Sterbens*

[9] Diesen Text habe ich besonders für Jugendliche und junge Erwachsene geschrieben, die an Aussichtslosigkeit leiden. Wahrscheinlich wird kaum einer von ihnen dieses Buch lesen – aber vielleicht kennst du, liebe Leserin, lieber Leser, einen jungen Menschen, für den oder die dieser Text inspirierend sein könnte. Ich habe die Erfahrung gemacht, dass Jugendliche ab 12 oder 13 Jahren bereits in der Lage sind, diese Übung zu verstehen und durchzuführen.

[10] In: *Krankheit – Tor zur Wandlung*

Die Selbstanwendung der Energetischen Medizin

UWE ALBRECHT
Heilapotheke
Werde Dein eigener Heiler
316 Karten,
€ [D] 29,99
€ [A] 30,90, sFr 49,90
ISBN 978-3-7934-2212-9

Inner Wise® ist ein einzigartiges neues System der energetischen Medizin, das hilft, die richtige Energie zur energetischen Balancierung zu finden und für den Selbstheilungsprozess zu aktivieren. Mit Hilfe der unter Anleitung der Testkarten gezogenen Heilsinfonie-Kärtchen lässt sich über einen Nummern-Code im Begleitbuch eine bestimmte Heilenergie finden. Diese Energie wird auf das beiliegende Amulett übertragen und entfaltet von dort im Sinne der energetischen Medizin ihre Wirkung. Das Amulett hat keine »magische« Bedeutung, sondern ist ein autosuggestiver Anker, wie er in verschiedenen Therapien Anwendung findet.

Große Lebensweisheiten in kleinen Büchern

Allegria

MICHAEL KORTH
Weniger ist mehr
Das Mantra der Bescheidenheit
€ [D] 7,99
€ [A] 8,30 / sFr 12,90
ISBN 978-3-548-74522-0

Wie wenig man zum glücklichen Leben wirklich braucht – geschildert in 14 ausführlichen Beispielen dafür, wie Bescheidenheit zu Unabhängigkeit führt – von Blaise Pascal über Mahatma Gandhi bis Zuckmayer und Epiktet.